FAST PASS TOPIK I 기출 어휘

지은이 구효정, 장소영, 나원주
펴낸이 정규도
펴낸곳 (주)다락원

초판 1쇄 인쇄 2025년 8월 21일
초판 1쇄 발행 2025년 8월 28일

편집 이숙희, 손여람, 오지은
디자인 김민지, 박희수, 허문희
번역 및 감수
영어 스테처 카일리 마벨 (Stecher Kylie Mavelle)
일본어 카이도 리카 (海藤 梨香)
중국어 우지쉬안 (吳祈萱)
베트남어 마이 쑤언 후옌 (Mai Xuân Huyên)
베트남어 감수 응웬 티 투 밍 (Nguyễn Thi Thu Minh)
녹음 김성희, 유선일

내용문의 (02)736-2031 내선 420~426
구입문의 (02)736-2031 내선 250~252
Fax (02)732-2037
출판등록 1977년 9월 16일 제406-2008-000007호

Copyright © 2025, 구효정, 장소영, 나원주

TOPIK, Trademark® & Copyright © by NIIED
(National Institute for International Education), Republic of Korea.
※한국어능력시험(TOPIK)의 저작권과 상표권은 대한민국 국립국제교육원에 있습니다.

저자 및 출판사의 허락 없이 이 책의 일부 또는 전부를 무단 복제·전재·
발췌할 수 없습니다. 구입 후 철회는 회사 내규에 부합하는 경우에 가능하므로
구입 문의처에 문의하시기 바랍니다. 분실·파손 등에 따른 소비자 피해에
대해서는 공정거래위원회에서 고시한 소비자 분쟁 해결 기준에 따라 보상
가능합니다. 잘못된 책은 바꿔 드립니다.

ISBN 978-89-277-3350-8 14710
      978-89-277-3339-3 (SET)

http://www.darakwon.co.kr
http://koreanbooks.darakwon.co.kr

다락원 홈페이지를 방문하시면 상세한 출판 정보와 함께
MP3 자료 등 다양한 어학 정보를 얻으실 수 있습니다.

서문

"한국어 단어는 너무 어려워요!"
"선생님, 이거 무슨 뜻이에요?"

한국어를 처음 배우면 누구나 이런 고민을 합니다. 물론 문법도 쉽지 않지만, 가장 큰 벽은 바로 어휘입니다. 한글을 읽을 수 있게 되었더라도 그 의미가 전혀 짐작되지 않는 어휘들 때문에 자신감을 잃기도 합니다.

반면에 알고 있는 단어가 많아질수록 한국어 실력도 빠르게 늘고, 금방 자신감이 붙는 학생들을 보았습니다. 특히 TOPIK I 시험에서도 어휘력은 점수를 가르는 결정적인 역할을 하지요. 그래서인지 학생들에게 이런 질문을 자주 듣습니다.

TOPIK 시험에 자주 나오는 어휘는 무엇일까요?
그 어휘는 시험에서 어떻게 나오나요?
꼭 나오는 단어만 모아서 외울 수 없을까요?

이런 학생들의 요청에 저희는 *FAST PASS TOPIK 기출 어휘* 시리즈를 준비했습니다.

*FAST PASS TOPIK I 기출 어휘*는 단순히 단어를 나열한 교재가 아닙니다. 시험에 자주 출제된 기출 어휘 중에서 꼭 알아야 할 핵심 단어만 뽑아 빈도순으로 정리했습니다. 또한 고득점을 위한 가장 확실한 열쇠, **기출 문장**도 함께 실어 초급 학습자도 단어가 시험에서 어떻게 나왔는지 자연스럽게 익힐 수 있도록 했습니다.

그리고 단어의 뜻은 영어, 일본어, 중국어, 베트남어로도 함께 보여 주어 다양한 언어 배경을 가진 학습자들이 좀 더 쉽고 빠르게 이해할 수 있을 것입니다. 단어와 기출 예문은 원어민 전문 성우가 녹음한 MP3 음원을 다운받아 듣거나 온라인에서 어휘 카드 영상으로 볼 수 있도록 QR 코드를 제공합니다. 음원이나 어휘 카드 영상을 활용하여 기출 문장을 반복해 읽고 따라 말해서 머릿속에 단어가 자연스럽게 남도록 해 보세요. 단어만 따로 외우는 게 아니라, 실제 문장에서 어떻게 쓰이는지를 익혀야 실전에서도 당황하지 않고 정답을 찾을 수 있습니다.

또, TOPIK 시험에는 학습자들이 평소에 잘 쓰지 않던 어휘도 자주 나오곤 합니다. 낯선 단어를 외우는 것이 어려울 수도 있지만, 이 과정을 통해 어휘력이 크게 늘고 시험 점수는 물론 한국어 실력도 한 단계 올라갈 것입니다. 시험 준비뿐만 아니라 실생활에도 도움이 되도록 추천 문장과 실용적인 표현도 가득 담았으니 같이 익혀 보세요.

이 책은 바쁜 여러분의 시간을 아끼기 위해 만들어졌습니다. 한국어 공부가 처음이라 막막한 분도, 필요한 단어만 빠르게 정리하고 싶은 분도 누구나 부담없이 시작해 보세요. 한국어 공부가 여러분에게 새로운 기회와 세상을 열어 줄 수 있을 겁니다. "*FAST PASS TOPIK I 기출 어휘*"가 든든한 디딤돌이 되겠습니다. 여러분의 도전을 진심으로 응원합니다!

저자 일동

Preface

"Korean words are so hard!"
"Teacher, what does this mean?"

Everyone has this problem when learning Korean for the first time. Korean grammar is challenging, but the biggest barrier is vocabulary. Even if you can read Hangeul, you may lose confidence because you have no idea what the words mean.

However, the more words you know backwards, the faster your Korean skills grow and the more confident you become. Especially in the TOPIK I test, vocabulary plays a crucial role in determining your score, which is why I often hear these questions from students.

What are the vocabulary words that appear frequently in the TOPIK?
How do they appear in the test?
Can't I just collect and memorize the words that appear in the test?

In response to their requests, we prepared the **FAST PASS TOPIK Vocabulary from Actual Tests series**.

"**FAST PASS TOPIK I Vocabulary from Actual Tests**" is not just a book of word lists. We have selected only the key words that appear frequently on the test and organized them in order of frequency. We have also included the most obvious key to getting a high score, the sentences from actual tests, so that even beginner learners can learn how the words appear on the test.

We've also included word definitions in English, Japanese, Chinese, and Vietnamese to make it easier and faster for learners from a variety of language backgrounds to understand the vocabulary. Each word and example sentence is accompanied by a QR code that allows you to download and listen to MP3 recordings of the vocabulary recorded by professional native speakers or watch vocabulary card videos online. Use the audio files or vocabulary card videos to read and speak aloud the sentences over and over again to help the words stick in your head. Don't just memorize the words in isolation, learn how they're used in real-world sentences so you can find the right answer without getting stumped in the real world.

Also, the TOPIK often includes vocabulary that learners don't normally use, and while it can be difficult to memorize unfamiliar words, this process will greatly expand your vocabulary and improve your test score and Korean language skills. We've also included plenty of recommended sentences and practical expressions to help you not only prepare for the test but also use Korean in real life.

This book was created to save you time in your busy life. Whether you're new to Korean and feeling overwhelmed, or just want to quickly brush up on the words you need, feel free to dive in. Learning Korean will open up new opportunities and a whole new world for you, and "**FAST PASS TOPIK I Vocabulary from Actual Tests**" will be your stepping stone. We wish you the best of luck in your endeavors!

From the authors

이 책의 활용법

이 책은 TOPIK Ⅰ 시험에 출제되었던 초급 어휘 976개를 모두 담았습니다. 공부해야 하는 어휘의 개수가 많다고 느낄 수 있지만, 가장 중요한 어휘를 제일 앞에 배치하여 최대한 효율적으로 학습할 수 있도록 하였습니다. 짧은 기간 안에 빠르게 TOPIK 시험에 통과하고 싶다면, 출제 1순위~3순위까지 자주 나오는 어휘 위주로 학습하기를 추천합니다. TOPIK 시험에서 고득점을 얻고 싶다면 4~5순위의 어휘까지 꼼꼼히 학습하는 방식을 추천합니다.

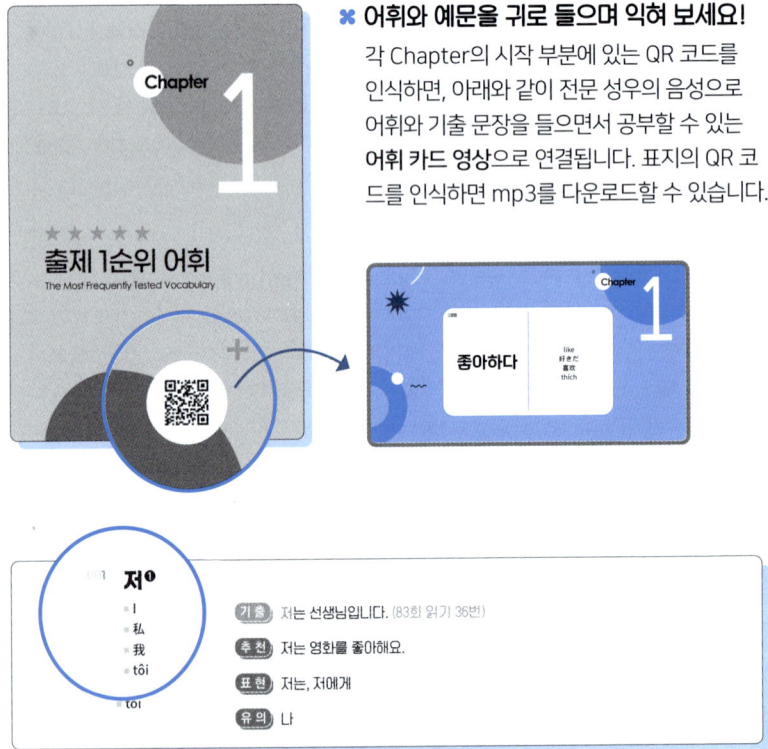

✖ 어휘와 예문을 귀로 들으며 익혀 보세요!

각 Chapter의 시작 부분에 있는 QR 코드를 인식하면, 아래와 같이 전문 성우의 음성으로 어휘와 기출 문장을 들으면서 공부할 수 있는 **어휘 카드 영상**으로 연결됩니다. 표지의 QR 코드를 인식하면 mp3를 다운로드할 수 있습니다.

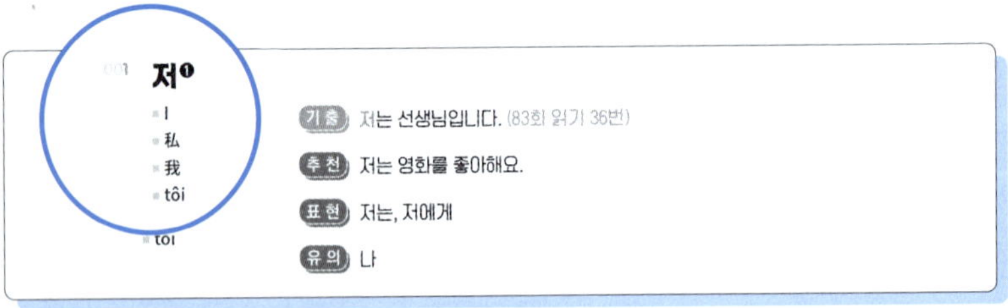

✖ 시험에 많이 나오는 어휘부터 외워 보세요!

Chapter 1에서 시험에 가장 많이 나온 출제 1순위 어휘를 모아 두었습니다.
그중에서도 먼저 나오는 어휘가 시험에 더 많이 나온 어휘들입니다.
가장 중요한 1번 어휘부터 효과적으로 학습해 봅시다.

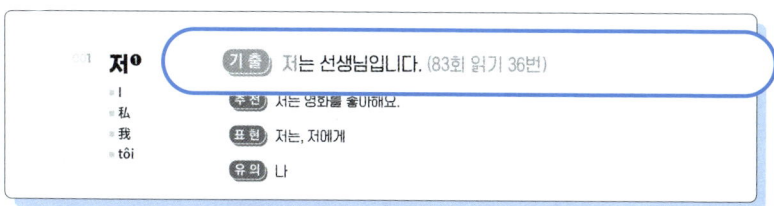

✱ **시험에서 어휘가 어떻게 제시되었는지 확인해 보세요!**
TOPIK I 시험에서 해당 어휘를 사용한 문장을 제공합니다.
예문을 통해 실제 시험에서 어떻게 사용되는지 확인할 수 있습니다.

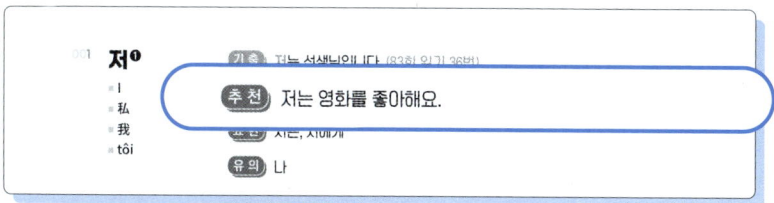

✱ **추가 예문을 통해 어휘를 이해해 보세요!**
추가 예문을 통해 어휘를 더욱 폭넓게 이해할 수 있도록 합니다.
시험에서 다양한 상황의 문장을 만나도 당황하지 않도록 연습할 수 있습니다.

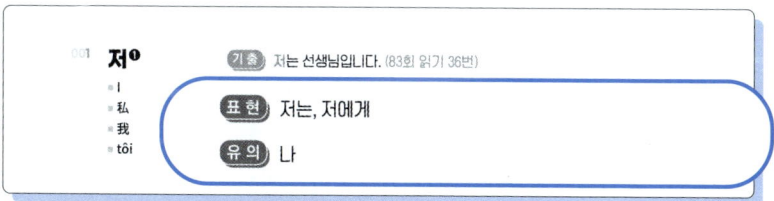

✱ **유의어, 반의어, 다양한 표현을 학습해 보세요!**
관련 있는 다양한 어휘를 제공합니다. 비슷한 의미의 어휘, 반대 의미의 어휘,
자주 사용하는 관용어, 연어를 통해 어휘를 확장 학습하기 좋습니다.

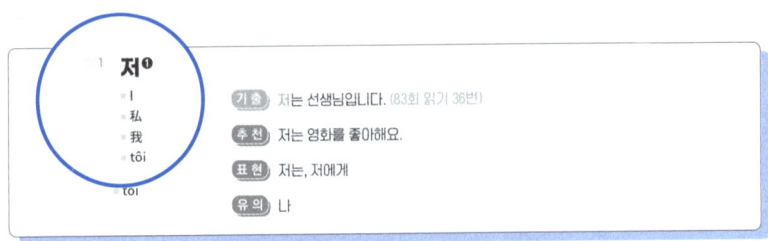

✱ **여러분 나라의 언어로 어휘를 확인해 보세요!**
한국어 어휘를 4개 국어로 번역해 제공합니다. 영어, 일본어, 중국어, 베트남어 순서로 제시되어 있으며, 번역을 통해 한국어 어휘의 의미를 쉽게 이해할 수 있습니다.

색인 Index

ㄱ					
가게	30	감기	123	걸리다❷	83
가격	122	감다	179	것	44
가구	122	감사	123	게시판	180
가깝다	82	감사하다	82	게임	83
가꾸다	178	갑자기	124	겨울	56
가끔	82	값	69	결정	180
가다	18	강당	179	결정하다	125
가르치다	82	강아지	61	결혼	125
가방	39	갖다	124	결혼식	126
가벼워지다	178	같다	82	결혼하다	126
		같이	38	경기	66
		개	124	경기도	180

✱ **전체 어휘를 한눈에 보고, 원하는 어휘를 찾아보세요!**
책에 수록된 전체 어휘를 ㄱㄴㄷ 순으로 정리해서 원하는 어휘를 한눈에 찾을 수 있도록 하였습니다.

How to Use This Book

This book contains all 976 elementary vocabulary words that have appeared in the TOPIK I previously. Although the number of vocabulary words to learn may seem is large, we have prioritized the most important group of words at the beginning to make learning as efficient as possible. If you want to pass the TOPIK quickly in a short period, we recommend focusing on the vocabulary that appears frequently in the 1st to 3rd priority groups. If you want to achieve a high score on the TOPIK, we recommend studying thoroughly up to the 4th and 5th priority vocabulary groups.

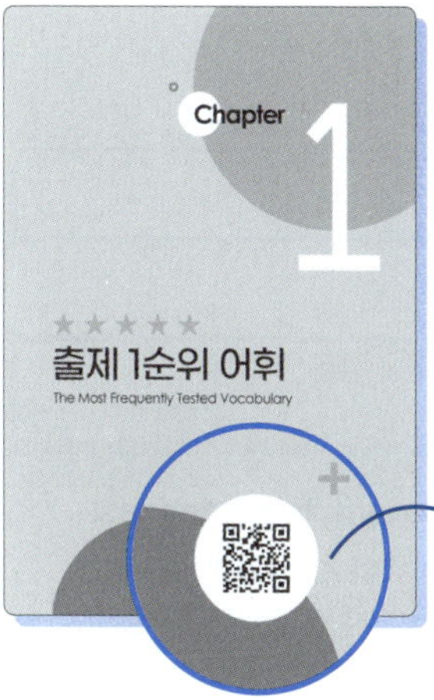

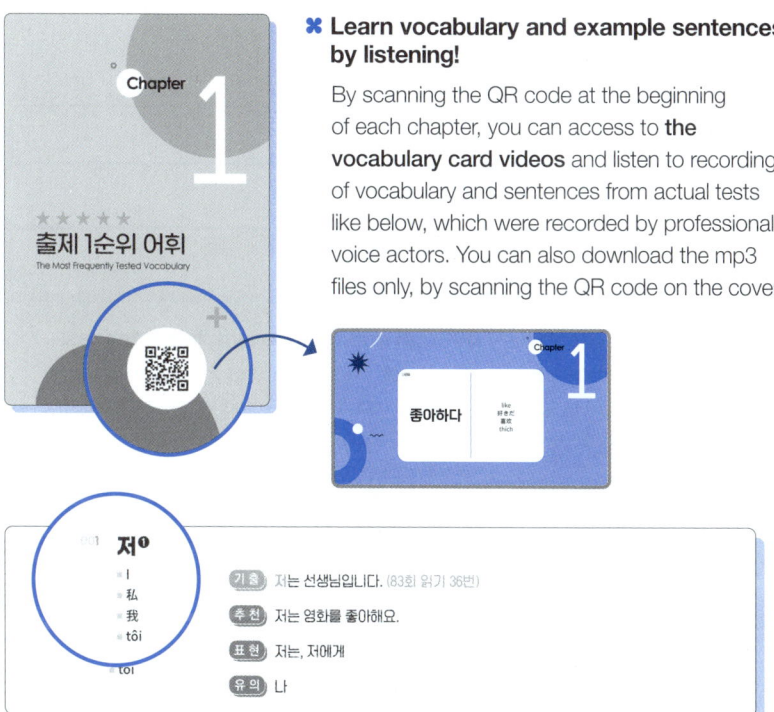

✖ Learn vocabulary and example sentences by listening!

By scanning the QR code at the beginning of each chapter, you can access to **the vocabulary card videos** and listen to recordings of vocabulary and sentences from actual tests like below, which were recorded by professional voice actors. You can also download the mp3 files only, by scanning the QR code on the cover.

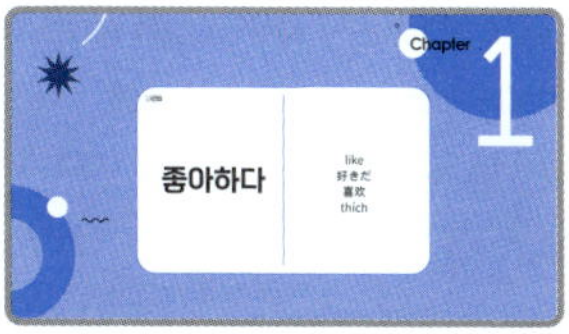

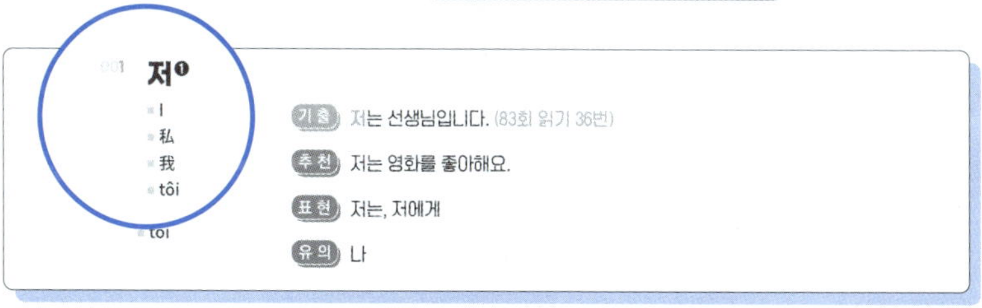

✖ Memorize the vocabulary that appears most frequently on the exam!

Chapter 1 contains the most frequently appearing 1st priority vocabulary from the exams. Among these, the words that appear earlier are the ones that appear more often on the exam. Let's start learning effectively from the most important vocabulary #1.

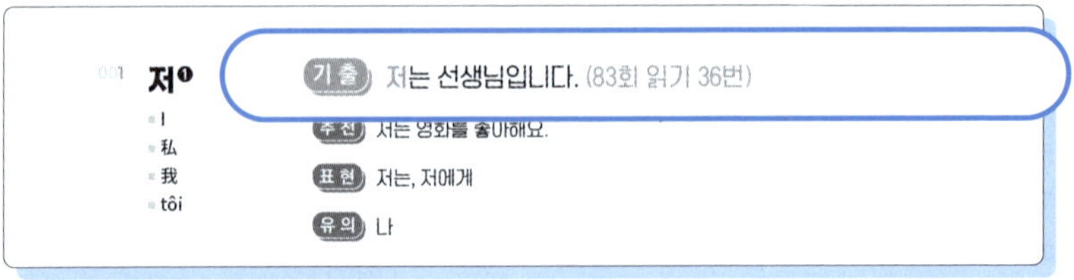

✖ Check how vocabulary was presented in the exam!

We provide the sentences where the vocabulary was used in the TOPIK I exam. Through these examples, you can see how they are actually used in the real exam.

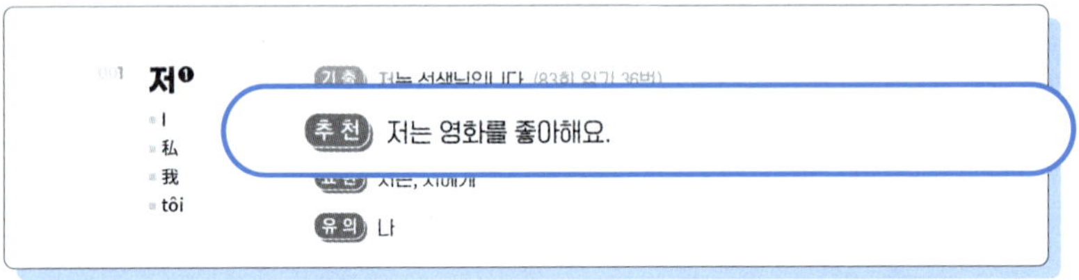

✖ Understand vocabulary through additional example sentences!

Additional example sentences help you understand the vocabulary more broadly. You can practice so that you won't be flustered when encountering sentences in various situations on the exam.

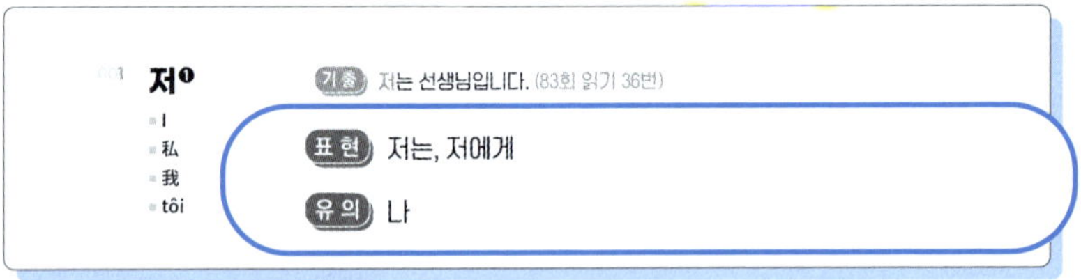

✖ Learn synonyms, antonyms, and various expressions!

We provide various related vocabulary. It's good for expanding vocabulary learning through words with similar meanings, opposite meanings, commonly used idioms, and collocations.

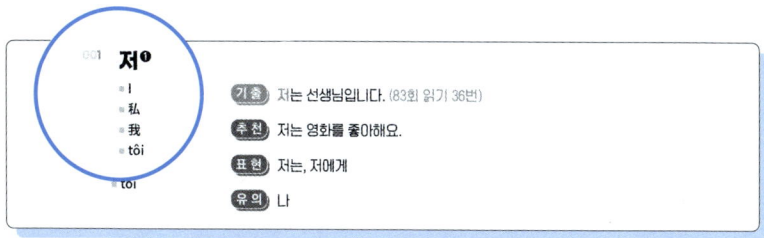

* **Check the vocabulary in your native language!**

  Korean vocabulary is translated into 4 languages. They are presented in the order of English, Japanese, Chinese, and Vietnamese, and you can easily understand the meaning of Korean vocabulary through these translations.

* **See all the vocabulary at a glance and find the words you want!**

  We have organized all the vocabulary in the book in Korean alphabetical order so that you can find the words you want at a glance.

목차
Contents

- 서문 Preface ·· 4
- 이 책의 활용법 How to Use This Book ·································· 8
- 목차 Contents ·· 15

Chapter 1 ★★★★★
출제 1순위 어휘 The Most Frequently Tested Vocabulary ············ 17

Chapter 2 ★★★★☆
출제 2순위 어휘 The 2nd Most Frequently Tested Vocabulary ······ 49

Chapter 3 ★★★☆☆
출제 3순위 어휘 The 3rd Most Frequently Tested Vocabulary ······ 81

Chapter 4 ★★☆☆☆
출제 4순위 어휘 The 4th Most Frequently Tested Vocabulary ······ 121

Chapter 5 ★☆☆☆☆
출제 5순위 어휘 The 5th Most Frequently Tested Vocabulary ······ 177

- 부록 Appendix
- 색인 Index ·· 225

Chapter 1

★★★★★
출제 1순위 어휘
The Most Frequently Tested Vocabulary

TOPIK I

001 저 ❶
- I
- 私
- 我
- tôi

(기출) **저**는 선생님입니다. (83회 읽기 36번)
(추천) 저는 영화를 좋아해요.
(표현) 저는, 저에게
(유의) 나

---

002 가다
- go
- 行く
- 去
- di

(기출) 저는 오전에 수업에 **갑니다**. (60회 읽기 43번)
(추천) 저는 매일 도서관에 가요.
(표현) 같이 가다, 집에 가다
(반의) 오다

---

003 좋다
- good
- 良い
- 好
- tốt

(기출) 지금 제주도는 날씨가 **좋습니다**. (83회 읽기 42번)
(추천) 음악이 아주 좋아요.
(표현) 좋은 음식, 기분이 좋다
(반의) 나쁘다

---

004 있다 ❶
- there is/are
- ある, いる
- 在
- ở

(기출) 주차장은 공원 안에 **있습니다**. (91회 읽기 41번)
(추천) 식당은 학교 앞에 있어요.
(표현) 밖에 있다, 옆에 있다
(반의) 없다

---

005 있다 ❷
- have
- 持っている
- 有
- có

(기출) 우산이 **있어요**. (35회 듣기 1번)
(추천) 저는 연필이 있어요.
(표현) 돈이 있다, 책이 있다
(반의) 없다

006 사람
- person, people
- 人
- 人
- người

기출 연극 속에서 말이 많은 **사람**도, 시끄러운 **사람**도 되어 봤습니다.
(96회 읽기 59번)

추천 백화점에 사람이 많아요.

표현 사람들, 외국 사람

007 친구
- friend
- 友達
- 朋友
- bạn

기출 **친구**는 미국에서 왔습니다.
(60회 읽기 31번)

추천 어제 친구와 공원에 갔어요.

표현 남자 친구, 여자 친구, 친구를 만나다

008 이
- this, these
- この
- 这
- (cái) này

기출 **이** 수박 얼마예요?
(60회 듣기 15번)

추천 이 가방이 더 예뻐요.

표현 이분, 이 사람, 이 신발

009 하다
- do
- する
- 做
- làm

기출 지금 뭐 **해요**?
(60회 듣기 4번)

추천 어제 무엇을 했어요?

표현 운동을 하다, 청소를 하다

010 만들다
- make
- 作る
- 制作
- làm, tạo ra

기출 저는 한국 음식을 잘 **만듭니다**.
(64회 읽기 43번)

추천 친구가 색종이로 꽃을 만들었어요.

표현 가방을 만들다, 케이크를 만들다

TOPIK I

---

011 여자
- woman, female
- 女
- 女性
- nữ

(기출) 여자 신발은 꽃 그림을 그려서 예쁘게 만들었습니다. (37회 듣기 25번)
(추천) 여자 화장실은 저쪽에 있어요.
(표현) 여자 옷, 여자 친구
(유의) 여, 여성   (반의) 남자

---

012 보다
- see, watch, look
- 見る
- 看
- xem

(기출) 재미있는 영화를 보고 싶습니다. (64회 듣기 22번)
(추천) 산에 올라가서 경치를 봅니다.
(표현) 책을 보다, 야구를 보다

---

013 오다❶
- come
- 来る
- 来
- đến

(기출) 오늘 저녁에 손님이 옵니다. (36회 읽기 44번)
(추천) 축제에 사람이 많이 와요.
(표현) 집에 오다, 친구가 오다
(반의) 가다

---

014 오다❷
- come
- 降る
- 下
- rơi

(기출) 오후부터 비가 왔습니다. (47회 읽기 44번)
(추천) 내일은 비가 올 거예요.
(표현) 비가 오는 날, 눈이 오다
(유의) 내리다

---

015 네
- yes, okay
- はい
- 是
- vâng

(기출) 네, 그렇게 할게요. (37회 듣기 17번)
(추천) 네, 알겠습니다.
(유의) 예
(반의) 아니요

016 남자
- man, male
- 男
- 男性
- nam giới

(기출) 그 **남자**는 지금 제 **남자** 친구입니다. (36회 읽기 58번)
(추천) 백화점 3층에서 남자 옷을 팔아요.
(표현) 남자 신발, 남자 어린이
(유의) 남, 남성 (반의) 여자

017 우리
- we, us
- 私たち
- 我们
- chúng tôi, chúng ta

(기출) **우리**는 아파트 놀이터에서 자전거 연습을 했습니다. (96회 읽기 69번)
(추천) 우리 다 같이 여행을 갑시다.
(표현) 우리 둘, 우리 모두
(유의) 저희 (반의) 너희

018 사다
- buy
- 買う
- 买
- mua

(기출) 지영 씨는 선물을 **사러** 갈 겁니다. (96회 읽기 42번)
(추천) 시장에서 과일을 사요.
(표현) 물건을 사다, 비싸게 사다
(유의) 구매하다 (반의) 팔다

019 씨
- Mr., Ms., Mrs.
- さん
- 先生、小姐
- anh, chị

(기출) 어제 수미 **씨** 결혼식에 다녀왔어요? (96회 듣기 18번)
(추천) 수미 씨, 내일 시간이 있어요?

020 많다
- many, much
- 多い
- 多
- nhiều

(기출) 가방에 책이 **많습니다**. (37회 읽기 38번)
(추천) 가게에 사과가 많아요.
(표현) 음식이 많다, 친구가 많다
(반의) 적다

TOPIK I

021 노래
- song
- 歌
- 歌
- bài hát

기출 제 친구는 노래를 정말 잘합니다. (47회 읽기 46번)
추천 요즘 이 노래가 유행이에요.
표현 노래가 좋다, 노래를 부르다
유의 곡

---

022 때
- time
- 時
- 时候
- lúc

기출 저는 방학 때 제주도에 갈 거예요. (64회 듣기 13번)
추천 저는 혼자 있을 때 책을 읽어요.
표현 학생 때, 어릴 때
유의 시기, 동안

---

023 먹다
- eat
- 食べる
- 吃
- ăn

기출 저는 오늘 집에서 저녁을 먹습니다. (83회 읽기 43번)
추천 지난 주말에 친구와 한국 음식을 먹었어요.
표현 과일을 먹다, 아침을 먹다

---

024 시간
- time
- 時間
- 时间
- thời gian

기출 저는 약속 시간에 늦었습니다. (47회 읽기 45번)
추천 수업 시간에는 전화를 못 받아요.
표현 공부 시간, 시간이 가다, 시간이 없다
유의 때, 시각

---

025 그래서
- so
- それで
- 所以
- vì vậy

기출 저는 요리를 잘 못 해요. 그래서 밖에서 자주 먹어요. (60회 듣기 17번)
추천 감기에 걸렸어요. 그래서 학교에 못 가요.
유의 그러므로, 따라서

026 좋아하다
- like
- 好きだ
- 喜欢
- thích

기출 저는 사과 주스를 **좋아합니다**. (52회 읽기 36번)
추천 제 아내는 꽃을 좋아해요.
표현 좋아하는 일, 서로 좋아하다, 친구를 좋아하다
반의 싫어하다

027 많이
- very, much
- たくさん
- 很
- nhiều

기출 오늘 **많이** 피곤합니다. (91회 읽기 39번)
추천 지금 배가 많이 아파요.
표현 많이 먹다, 많이 사다
유의 무척, 매우 **반의** 조금

028 아니요
- no
- いいえ
- 不是
- không

기출 **아니요**, 비싸지 않아요. (83회 듣기 11번)
추천 아니요, 제가 안 했어요.
유의 아뇨 **반의** 네

029 집
- house, home
- 家
- 家
- nhà

기출 친구들이 우리 **집**에 와요. (64회 읽기 42번)
추천 집에서 영화를 볼 거예요.
표현 친구 집, 집에 가다, 집에서 자다
유의 댁

030 박물관
- museum
- 博物館
- 博物馆
- viện bảo tàng

기출 이 **박물관**에는 1960년부터 지금까지 나온 여러 가지 만화책이 많이 있습니다. (83회 읽기 55번)
추천 한국을 여행할 때 박물관에 가 보고 싶어요.
표현 역사 박물관, 박물관을 구경하다

TOPIK I

031 때문에
- because
- ために
- 因为
- vì

(기출) 이 **때문에** 아이들은 보통 약 먹는 것을 싫어합니다. (96회 읽기 58번)

(추천) 날씨 때문에 기분이 안 좋습니다.

(표현) 너 때문에, 일 때문에

---

032 일 ❶
- work
- 仕事
- 工作
- công việc

(기출) **일**도 재미있고 회사 사람들도 좋습니다. (64회 읽기 48번)

(추천) 요즘 일이 많아서 힘들어요.

(표현) 일을 하다, 일이 있다

(반의) 휴식

---

033 지금
- now
- 今
- 现在
- bây giờ

(기출) **지금** 돈이 없습니다. (41회 읽기 35번)

(추천) 저는 지금 한국에 있어요.

(표현) 지금부터, 지금처럼

(유의) 현재

---

034 보내다 ❶
- send
- 送る
- 送
- gửi

(기출) 여러 번 전화했는데 통화 중이라서 이메일을 **보냅니다**. (60회 읽기 63번)

(추천) 친구에게 편지를 보냈어요.

(표현) 문자를 보내다, 소포를 보내다

(반의) 받다

---

035 보내다 ❷
- spend
- 過ごす
- 过
- trải qua

(기출) 저는 강아지와 **보내는** 시간이 즐겁습니다. (37회 읽기 60번)

(추천) 방학을 잘 보냈습니다.

(표현) 시간을 보내다, 주말을 보내다

036 제
- my
- 私の
- 我的
- của tôi

기출 오늘은 **제** 생일입니다. (96회 읽기 39번)
추천 제 생각을 말씀드리겠습니다.
표현 제 나이, 제 이름
유의 내

037 물건
- thing, stuff, object
- 物
- 东西
- đồ vật

기출 오늘 제 **물건**을 정리했습니다. (37회 읽기 49번)
추천 시장에서 물건을 많이 샀어요.
표현 물건의 값, 물건을 팔다

038 요일
- day of the week
- 曜日
- 星期（几）
- thứ (trong tuần)

기출 **월요일**부터 **금요일**까지 하루 세 시간씩만 하면 돼요. (35회 듣기 22번)
추천 오늘은 무슨 요일입니까?
표현 월요일, 화요일, 수요일, 목요일, 금요일, 토요일, 일요일

039 잘
- well
- うまく, 上手に
- 好
- giỏi

기출 제 동생은 빵을 **잘** 만듭니다. (83회 읽기 46번)
추천 저는 피아노를 잘 칩니다.
표현 잘 보이다, 잘 부르다, 잘 가르치다

040 좀
- a little
- 少し
- 有点
- một chút

기출 오늘 **좀** 춥네요. (91회 듣기 13번)
추천 물건 값이 좀 비싸요.
표현 좀 늦다, 좀 멀다, 좀 바쁘다
유의 조금, 약간　**반의** 많이

TOPIK I

041 없다
- there is no, there are no
- ない
- 没有
- không có

(기출) 저는 볼펜이 **없습니다**. (83회 읽기 39번)
(추천) 아직 한국 친구가 없어요.
(표현) 돈이 없다, 시간이 없다
(반의) 있다

---

042 어제
- yesterday
- 昨日
- 昨天
- hôm qua

(기출) 저는 **어제** 연극을 봤습니다. (41회 읽기 45번)
(추천) 어제 집에서 숙제를 했어요.
(표현) 어제와 오늘, 어제의 날씨
(유의) 전날, 어저께 (반의) 내일

---

043 주말
- weekend
- 週末
- 周末
- cuối tuần

(기출) **주말**에는 시간이 있으니까 연락 주세요. (91회 듣기 20번)
(추천) 주말에 여행을 가기로 했어요.
(표현) 주말 날씨, 주말 저녁 (반의) 주중, 평일

---

044 나오다
- come out
- 出る
- 出
- phát ra

(기출) 지하철을 갈아타는 역에서는 안내 방송과 함께 음악이 **나옵니다**. (96회 읽기 67번)
(추천) 음식을 주문했는데 아직도 안 나와요.
(표현) 음료가 나오다, 음식이 나오다 (유의) 나타나다

---

045 더
- more
- もっと
- 更
- hơn

(기출) 수박도 좋아하지만 포도가 **더** 좋아요. (41회 듣기 12번)
(추천) 저는 더 큰 집으로 이사했어요.
(표현) 더 많이, 더 빨리, 더 예쁘다
(유의) 더욱 (반의) 덜

046 받다
- receive
- 受ける
- 受
- nhận

기출 이번 생일에 뭘 **받고** 싶어요? (83회 읽기 46번)
추천 친구에게서 편지를 받았어요.
표현 꽃을 받다, 돈을 받다
반의 주다

047 일하다
- work
- 働く
- 工作
- làm việc

기출 저는 우리 동네 편의점에서 **일할 겁니다**. (96회 읽기 48번)
추천 저는 백화점에서 일해요.
표현 일하는 시간, 열심히 일하다, 회사에서 일하다
유의 근무하다 **반의** 쉬다

048 하나
- one
- ひとつ
- 一
- một

기출 저는 백화점에서 모자를 **하나** 샀습니다. (91회 읽기 47번)
추천 여기요, 김밥 하나 주세요.
표현 하나, 둘, 셋, 넷, 다섯, 여섯, 일곱, 여덟, 아홉, 열

049 학생
- student
- 学生
- 学生
- học sinh

기출 교실에 **학생**이 없습니다. (41회 읽기 36번)
추천 선생님과 학생 모두 학교 축제를 준비합니다.
표현 외국 학생, 학생 식당, 학생이 되다
유의 학습자 **반의** 선생님

050 그런데
- but
- しかし
- 可是
- nhưng

기출 편하고 좋네요. **그런데** 좀 짧은 거 같아요. (47회 듣기 16번)
추천 오늘은 날씨가 좋아요. 그런데 좀 추워요.

TOPIK I

051 아이
- child
- 子供
- 孩子
- đứa trẻ

기출 **아이**는 할머니를 좋아했습니다. (91회 읽기 69번)
추천 아이는 친구들과 함께 밖에서 놀고 있어요.
표현 아이들, 남자아이, 여자아이, 착한 아이
유의 애, 어린이 **반의** 어른

---

052 여행
- travel, trip
- 旅行
- 旅行
- du lịch

기출 바다 **여행**이 재미있었습니다. (36회 읽기 38번)
추천 저는 제주도로 여행을 갈 거예요.
표현 기차 여행, 외국 여행, 여행을 떠나다
유의 관광

---

053 오늘
- today
- 今日
- 今天
- hôm nay

기출 **오늘**은 제 생일입니다. (47회 읽기 38번)
추천 오늘 오후에 약속이 있어요.
표현 오늘 신문, 오늘 저녁

---

054 회사
- company
- 会社
- 公司
- công ty

기출 컴퓨터 **회사**에서 일하고 싶어요. (47회 듣기 20번)
추천 회사는 집에서 조금 멀어요.
표현 작은 회사, 회사 건물, 회사에 다니다

---

055 인터넷
- internet
- インターネット
- 互联网
- internet

기출 **인터넷**으로 예약을 하셔서 오천 원 할인되었습니다. (64회 듣기 20번)
추천 저는 인터넷으로 영어 수업을 듣는데 편하고 좋아요.
표현 인터넷 쇼핑, 인터넷을 이용하다

056 배우다
- learn
- 学ぶ
- 学
- học

기출 저는 그림을 **배웁니다**. (36회 읽기 43번)
추천 저는 학교에서 한국어를 배웠어요.
표현 글을 배우다, 요리를 배우다, 외국어를 배우다
유의 공부하다

057 시
- o'clock
- 時
- 点
- giờ

기출 오늘 몇 **시**에 만나요? (41회 듣기 3번)
추천 내일 오후 다섯 시에 갈 거예요.
표현 한 시, 두 시, 세 시, 네 시, 다섯 시, 여섯 시, 일곱 시, 여덟 시, 아홉 시, 열 시

058 늦다
- late
- 遅れる
- 迟
- trễ

기출 **늦어서** 미안해요. (60회 듣기 16번)
추천 수업 시간에 늦지 마세요.
표현 모임에 늦다, 약속에 늦다, 학교에 늦다
유의 느리다, 지각하다 **반의** 빠르다, 이르다

059 내일
- tomorrow
- 明日
- 明天
- ngày mai

기출 **내일** 시험이 몇 시예요? (83회 듣기 12번)
추천 내일은 비가 올 거예요.
표현 내일 아침, 내일의 날씨
유의 다음날 **반의** 어제

060 요즘
- these days
- 最近
- 最近
- gần đây

기출 저는 **요즘** 자전거를 타고 학교에 갑니다. (83회 읽기 59번)
추천 요즘 날씨가 아주 좋아요.
표현 요즘 시대, 요즘 아이들 **유의** 최근, 요즈음

TOPIK I

061 기타
- guitar
- ギター
- 吉他
- đàn ghi-ta

기출 기타를 잘 치려면 매일 잊지 않고 연습하는 게 중요해요.
(47회 듣기 29번)

추천 그 가수는 기타를 치면서 노래를 불러요.

표현 기타 소리, 기타 연주

---

062 산
- mountain
- 山
- 山
- núi

기출 산 위에서 보는 경치가 더 예쁜데 한번 가 봐요.
(41회 듣기 24번)

추천 한국에는 등산하기에 좋은 산이 많이 있습니다.

표현 산이 높다, 산에 올라가다

---

063 만화책
- comic book
- 漫画の本, コミック・ブック
- 漫画书
- sách truyện tranh

기출 만화책에서 본 내용이 재미있으면 다른 책도 찾아서 읽게 되니까요.
(41회 듣기 29번)

추천 동네에 만화책을 빌려 볼 수 있는 만화 카페가 생겼어요.

표현 만화책을 사다, 만화책을 읽다

---

064 가게
- store, shop
- 店
- 商店
- cửa hàng

기출 저녁에는 빵 가게에서 아르바이트를 합니다. (60회 읽기 53번)

추천 이 가게는 과일이 싸고 좋아요.

표현 가게 직원, 작은 가게, 화장품 가게

유의 상점

---

065 식당
- restaurant
- 食堂
- 食堂
- nhà hàng

기출 저 식당은 음식이 맛있나 봐요. (35회 듣기 23번)

추천 저녁을 먹으러 식당에 가요.

표현 직원 식당, 학생 식당, 식당에서 식사하다

유의 음식점

066 아침
- morning
- 朝
- 早上
- buổi sáng

(기출) 저는 **아침**에 일어나서 혼자 운동을 합니다. (35회 읽기 53번)
(추천) 내일 아침에 출발할 거예요.
(표현) 아침 식사, 오늘 아침
(반의) 저녁

067 한국
- Korea
- 韓国
- 韩国
- Hàn Quốc

(기출) 언니는 **한국**에 있는 회사에 다닐 겁니다. (96회 읽기 54번)
(추천) 저는 한국으로 유학을 가고 싶어요.
(표현) 한국 사람, 한국 생활
(유의) 대한민국

068 할머니
- grandmother
- おばあさん
- 奶奶
- bà

(기출) 어머니는 내일 **할머니**와 연극을 보러 가실 겁니다. (41회 읽기 45번)
(추천) 할머니와 할아버지는 한국에 계세요.
(표현) 할머니 댁, 할머니 생신, 할머니와 할아버지
(반의) 할아버지

069 버스
- bus
- バス
- 公交车
- xe buýt

(기출) 한 번에 가는 **버스**는 없으니까 지하철을 타고 가세요. (37회 듣기 14번)
(추천) 버스 정류장에 버스를 기다리는 사람들이 많습니다.
(표현) 버스 기사, 버스 정류장

070 그
- that, the
- その
- 那
- (cái) đó

(기출) **그** 모자는 가볍고 예쁩니다. (91회 읽기 47번)
(추천) 저도 그 책을 읽어 봤어요.
(표현) 그곳, 그분, 그 사람

TOPIK I

---

071 그리고
- and
- そして
- 还有
- và

🟠 기출) 눈이 옵니다. 그리고 바람도 붑니다.
(36회 읽기 39번)

🟠 추천) 저는 요즘 영어를 공부해요. 그리고 한국어도 공부해요.

🟠 유의) 또

---

072 다음
- next, later
- 次
- 下、以后
- tiếp theo

🟠 기출) 다음에 또 오세요. (37회 듣기 5번)

🟠 추천) 우리 다음 학기에 만나요.

🟠 표현) 다음 날, 다음 주, 다음에 보다

🟠 유의) 후, 나중

---

073 만나다
- meet
- 会う
- 见面
- gặp

🟠 기출) 저는 오늘 친구를 만납니다.
(83회 읽기 44번)

🟠 추천) 어제 학교 앞에서 고향 친구를 만났어요.

🟠 표현) 가족을 만나다, 만나서 반갑다

---

074 학교
- school
- 学校
- 学校
- trường học

🟠 기출) 집 앞에 학교까지 가는 버스가 있어서 괜찮아요.
(96회 듣기 22번)

🟠 추천) 저는 학교에서 한국어를 배우고 있어요.

🟠 표현) 초등학교, 중학교, 고등학교, 대학교

---

075 어디
- where
- どこ
- 哪里
- đâu

🟠 기출) 우리 어디에서 이야기해요?
(83회 듣기 3번)

🟠 추천) 핸드폰을 사고 싶은데 어디에서 살 수 있어요?

🟠 표현) 어디에, 어디에서

076 지하철
- subway
- 地下鉄
- 地铁
- tàu điện ngầm

기출 지하철을 잘못 타서 약속 장소에 늦게 도착했습니다. (47회 읽기 45번)

추천 회사에서 집까지 지하철로 20분 정도 걸려요.

표현 지하철역, 지하철을 이용하다

077 피곤하다
- tired
- 疲れる
- 疲劳
- mệt mỏi

기출 먼 곳으로 가면 차도 오래 타야 하고 좀 **피곤할** 것 같아서요. (96회 듣기 24번)

추천 너무 피곤해서 세수만 하고 바로 잤어요.

표현 피곤한 몸, 피곤한 일

078 돈
- money
- お金
- 钱
- tiền

기출 공연을 보려면 **돈**을 내야 합니다. (96회 듣기 25번)

추천 돈이 많으면 무엇을 하고 싶어요?

표현 돈을 내다, 돈을 쓰다, 돈이 많다

유의 화폐, 현금

079 전
- before
- 前
- 前
- trước

기출 노래 대회는 조금 **전**에 끝났습니다. (96회 듣기 26번)

추천 그 사람은 전에 본 적이 있어요.

표현 방금 전, 얼마 전, 조금 전

유의 앞, 이전, 과거   **반의** 후

080 후
- after, later
- 後
- 后
- sau

기출 잠시 **후**에 다시 켜 보세요. (52회 듣기 27번)

추천 그 사람을 며칠 후에 다시 만났어요.

표현 며칠 후, 식사 후, 잠시 후

유의 뒤, 나중, 다음   **반의** 전

TOPIK I

081 공항
- airport
- 空港
- 机场
- sân bay

기출 공항 안에 여행으로 피곤한 사람들이 잘 수 있는 방과 샤워할 수 있는 곳이 있습니다. (52회 읽기 61번)

추천 공항에서 호텔에 갈 때 버스나 지하철을 타면 돼요.

표현 공항버스, 국제공항, 공항을 이용하다　**유의** 비행장

---

082 수영
- swimming
- 水泳
- 游泳
- bơi

기출 여름에는 수영을 하러 바다에 자주 갑니다. (83회 읽기 47번)

추천 수영을 하기 전에 준비 운동을 먼저 하세요.

표현 수영 경기, 수영 대회, 수영 선수

---

083 알리다
- inform, notify
- 知らせる
- 告诉
- thông báo

기출 앞으로는 오는 시간을 미리 알려 주면 좋겠어요. (37회 듣기 24번)

추천 그는 회사 사람들에게 자신의 결혼 소식을 알렸습니다.

표현 결과를 알리다, 사실을 알리다

유의 말하다, 전하다, 안내하다

---

084 편지
- letter
- 手紙
- 信
- thư

기출 할머니는 졸업식 날 편지를 읽으셨습니다. (47회 읽기 60번)

추천 고향에 계시는 선생님께 편지를 썼습니다.

표현 감사 편지, 편지를 받다, 편지를 보내다

---

085 공연
- performance, show
- 公演
- 公演
- buổi biểu diễn

기출 공연은 정말 신나고 좋았습니다. (64회 읽기 49번)

추천 저는 음악 공연 보는 것을 좋아해요.

표현 연극 공연, 공연을 하다, 공연이 열리다

086 어머니
- mother
- お母さん
- 妈妈、母亲
- mẹ

기출 저는 요즘 **어머니**와 함께 산책을 합니다. (37회 읽기 60번)
추천 어머니께 감사의 편지를 썼습니다.
표현 어머니 마음, 어머니 생신, 우리 어머니
유의 엄마

087 음악회
- concert
- 音楽会
- 音乐会
- buổi hòa nhạc

기출 **음악회**는 다음 주 금요일에 있습니다. (37회 읽기 63번)
추천 저는 음악회에서 노래를 불렀습니다.
표현 음악회에 가다, 음악회가 열리다
유의 콘서트

088 이번
- this (time)
- 今回
- 这次
- lần này

기출 저는 **이번**에 여행을 많이 했어요. (91회 듣기 17번)
추천 이번 시험은 잘 보고 싶어요.
표현 이번 달, 이번 여행, 이번 학기
유의 금번

089 재미있다
- fun, interesting
- 面白い
- 有趣、有意思
- thú vị

기출 가방 만들기는 어렵지만 **재미있습니다**. (36회 읽기 46번)
추천 그 영화는 정말 재미있어요.
표현 재미있는 사람, 재미있는 친구, 재미있게 보다
반의 재미없다

090 음식
- food
- 食べ物
- 食物
- món ăn

기출 학생 식당은 **음식** 값이 싸고 김치가 맛있습니다. (37회 읽기 45번)
추천 세계 음식 축제에서 여러 나라 음식을 먹어 보았어요.
표현 매운 음식, 한국 음식
유의 식품, 먹거리, 먹을거리

TOPIK I

091 **쉽다**
- easy
- 易しい
- 简单
- dễ

(기출) 어려운 내용을 **쉽게** 이해할 수 있어서 공부에 도움도 돼요. (41회 듣기 29번)

(추천) 김 선생님은 쉽고 재미있게 가르쳐 주세요.

(표현) 쉬운 말, 쉬운 일, 쉽게 설명하다　(반의) 어렵다

---

092 **신청**
- application
- 申請，申し込み
- 申请
- đăng ký

(기출) 작년보다 많은 동아리가 **신청**을 해서 발표회를 체육관에서 하게 되었습니다. (60회 듣기 25번)

(추천) 이 수업을 듣고 싶은 학생들은 미리 신청을 해야 합니다.

(표현) 수업 신청, 휴가 신청, 신청을 받다　(유의) 등록

---

093 **이제**
- now
- 今
- 现在
- bây giờ

(기출) 서로 멀리 떨어져서 만나지 못했고 **이제**는 연락이 안 됩니다. (64회 읽기 53번)

(추천) 이제부터 열심히 공부하기로 했어요.

(표현) 이제까지, 이제부터　(유의) 지금

---

094 **운동**
- exercise
- 運動
- 运动
- thể thao

(기출) 걷기는 많은 사람들이 쉽게 할 수 있는 **운동**입니다. (41회 읽기 59번)

(추천) 아침 운동이 건강에 좋아요.

(표현) 운동 경기, 운동선수, 운동을 하다

(유의) 스포츠

---

095 **신발**
- shoes
- 靴
- 鞋
- giày

(기출) 민수 씨는 발이 커서 **신발**을 사기가 어렵습니다. (37회 읽기 48번)

(추천) 이 신발은 운동할 때 신으면 편해요.

(표현) 새 신발, 남자 신발, 여자 신발, 신발을 신다

(유의) 신

096 책
- book
- 本
- 书
- sách

기출 저는 **책**이 많으면 좋겠습니다. (60회 읽기 40번)
추천 저는 도서관에서 책을 빌렸어요.
표현 책 한 권, 책을 보다, 책을 읽다
유의 도서

097 한국어
- Korean language
- 韓国語
- 韩语
- tiếng Hàn

기출 제 친구는 **한국어**를 잘합니다. (91회 읽기 60번)
추천 저는 요즘 한국어를 공부해요.
표현 한국어 수업, 한국어를 배우다
유의 한국말

098 힘들다
- difficult, hard
- 大変だ
- 吃力、累
- khó khăn

기출 저는 등산을 하는 것이 **힘듭니다**. (91회 읽기 46번)
추천 요즘 일이 힘들어서 좀 쉬고 싶어요.
표현 힘든 일, 몸이 힘들다

099 카페
- cafe, coffee shop
- カフェー
- 咖啡馆
- quán cà phê

기출 우리 내일 **카페**에서 만날까요? (91회 듣기 12번)
추천 저 카페는 커피 맛이 좋아서 항상 손님이 많아요.
표현 카페 메뉴, 카페 음료
유의 찻집, 커피숍

100 생기다
- happen to have
- できる
- 有
- có

기출 시간이 **생겨서** 지금은 해외여행을 하고 있습니다. (83회 읽기 61번)
추천 돈이 생기면 쇼핑하러 갈 거예요.
표현 집이 생기다, 친구가 생기다

TOPIK I

101 같이
- together
- 一緒に
- 一起
- cùng nhau

（기출） 저는 할머니와 **같이** 살고 있습니다. (41회 읽기 54번)
（추천） 주말에 친구하고 같이 여행을 갈 거예요.
（표현） 같이 먹다, 같이 있다
（유의） 함께　（반의） 따로, 혼자, 홀로

102 방법
- method, way
- 方法
- 方法、办法
- phương pháp

（기출） 저도 빵 만드는 **방법**을 배우고 싶습니다. (83회 읽기 46번)
（추천） 좋은 방법을 좀 가르쳐 주세요.
（표현） 공부 방법, 사용 방법　（유의） 법, 방식, 방안

103 여기
- here
- ここ
- 这里
- đây

（기출） **여기**는 언제나 여름입니다. (60회 읽기 69번)
（추천） 여기에 앉으세요.
（표현） 여기로 오다, 여기에 있다
（유의） 이곳　（반의） 거기, 저기

104 늦게
- late
- 遅く
- 晚
- muộn

（기출） 저는 **늦게** 일어나서 아침을 못 먹을 때가 많아요. (52회 듣기 22번)
（추천） 수업에 늦게 오면 안 돼요.
（표현） 늦게 가다, 늦게 자다

105 외국
- foreign country
- 外国
- 外国
- nước ngoài

（기출） 그 대회가 끝나면 바로 **외국**에서 열리는 대회에도 나갈 겁니다. (91회 듣기 29번)
（추천） 외국으로 여행을 가는 사람들이 많아서 공항이 복잡합니다.
（표현） 외국 문화, 외국 사람, 외국 생활
（유의） 국외, 이국, 타국, 해외　（반의） 내국

106 **계획**
- plan
- 計画
- 计划
- kế hoạch

(기출) 계획을 세우지 않고 일을 하면 좋지 않습니다.
(91회 읽기 58번)

(추천) 여행을 가기 전에 계획을 세우는 것이 어때요?

(표현) 방학 계획, 학습 계획, 계획대로 하다

107 **사랑**
- love
- 愛
- 爱
- tình yêu

(기출) 저는 소포를 받고 아버지의 사랑을 느꼈습니다.
(60회 읽기 70번)

(추천) 선생님은 사랑으로 학생들을 가르칩니다.

(표현) 부모님의 사랑, 사랑을 하다

108 **작년**
- last year
- 昨年
- 去年
- năm ngoái

(기출) 작년에는 팔을 다쳐서 대회에 못 나왔는데 올해는 이렇게 상을 받아서 정말 기쁩니다. (91회 듣기 29번)

(추천) 저는 작년부터 수영을 배우기 시작했어요.

(표현) 작년 여름, 작년과 올해

(유의) 지난해 (반의) 내년

109 **가방**
- bag
- かばん, バッグ
- 包
- cặp, túi

(기출) 이것은 제 가방이 아닙니다.
(96회 읽기 37번)

(추천) 가방에 책을 넣었어요.

(표현) 가방 안, 무거운 가방, 가방을 들다

110 **공부하다**
- study
- 勉強する
- 学习
- học

(기출) 저는 요즘 열심히 공부합니다. (35회 읽기 44번)

(추천) 저는 보통 도서관에서 공부해요.

(표현) 공부하는 시간, 한국어를 공부하다

(유의) 학습하다

TOPIK I

111 그림
- drawing, painting
- 絵
- 画
- bức tranh

(기출) 제 친구는 **그림** 그리는 것을 좋아합니다.
(35회 읽기 49번)
(추천) 동생은 공원에서 그림을 그리고 있어요.
(표현) 꽃 그림, 아름다운 그림

112 모임
- gathering
- 会, 集まり
- 集会、聚会
- cuộc họp, buổi gặp gỡ

(기출) 저도 이번 **모임**에 가 보고 싶어요.
(35회 듣기 29번)
(추천) 오늘 저녁에 모임이 있어요.
(표현) 가족 모임, 친구 모임, 모임에 나가다

113 방
- room
- 部屋
- 房間
- phòng

(기출) **방**에 필요한 것은 거의 다 있네요.
(36회 듣기 14번)
(추천) 이 집은 큰 방이 2개 있어요.
(표현) 작은 방, 방이 좁다, 방을 청소하다

114 빨리
- quickly
- 早く
- 快
- nhanh chóng

(기출) 공연을 **빨리** 보고 싶습니다. (35회 읽기 48번)
(추천) 빨리 봄이 오면 좋겠어요.
(표현) 빨리 가다, 빨리 먹다
(유의) 어서, 얼른 (반의) 천천히

115 손님
- customer, guest
- お客さん
- 客人
- khách

(기출) 한 송이에 이천 원입니다, **손님**.
(96회 듣기 7번)
(추천) 손님, 뭐 찾으세요?
(표현) 단체 손님, 초대 손님

116 **안**
- in, inside
- 中
- 里
- trong

(기출) '라면세상'은 인주대학교 **안**에 있습니다. (96회 듣기 66번)
(추천) 집 안에 사람이 있어요.
(표현) 가방 안, 교실 안
(유의) 속   (반의) 밖

117 **운동하다**
- exercise, work out
- 運動する
- 运动
- tập thể dục

(기출) 우리 회사 사람들은 저녁에 지하에서 **운동합니다**. (41회 읽기 50번)
(추천) 매일 운동하면 건강이 좋아질 거예요.
(표현) 운동하는 사람, 운동하는 습관, 열심히 운동하다

118 **자주**
- often
- よく
- 常常
- thường xuyên

(기출) 저는 요리를 **자주** 합니다. (83회 읽기 43번)
(추천) 이 음악이 제가 자주 듣는 음악이에요.
(표현) 자주 가다, 자주 만나다
(반의) 가끔

119 **작다**
- small
- 小さい
- 小
- nhỏ

(기출) 구두가 **작아요**. (64회 듣기 2번)
(추천) 이 방은 너무 작습니다.
(표현) 작은 가방, 발이 작다
(유의) 조그맣다   (반의) 크다

120 **차**[1]
- tea
- お茶
- 茶
- trà

(기출) 사람들은 여러 종류의 **차**를 마십니다. (91회 읽기 55번)
(추천) 저는 아침에 차를 마셔요.
(표현) 따뜻한 차, 시원한 차, 차 한 잔

TOPIK I

121 **타다**
- take, ride
- 乗る
- 坐、骑（车）
- di (phương tiện)

(기출) 저는 보통 버스를 **탑니다**.
(64회 읽기 37번)

(추천) 저는 학교에 갈 때 지하철을 타요.

(표현) 타는 곳, 비행기를 타다, 자전거를 타다

---

122 **주**
- week
- 週
- 周
- tuần

(기출) 이번 **주**에 수학 시험이 있습니다.
(35회 듣기 44번)

(추천) 매월 마지막 주 수요일에 행사가 있어요.

(표현) 지난주, 이번 주, 다음 주

---

123 **춤**
- dance
- 踊り, 舞, ダンス
- 舞蹈
- nhảy múa

(기출) 케이팝 가수들은 노래도 잘하고 **춤**도 잘 추네요.
(83회 듣기 24번)

(추천) 신나는 노래를 들으면 춤을 추고 싶어져요.

(표현) 노래와 춤, 춤을 배우다

---

124 **층**
- floor
- 階
- 层
- tầng

(기출) 이 회사의 식당은 4**층**에 있습니다.
(41회 듣기 26번)

(추천) 서점에 가려면 몇 층으로 가야 해요?

(표현) 같은 층, 낮은 층, 높은 층, 층을 올라가다

---

125 **팔다**
- sell
- 売る
- 卖
- bán

(기출) 이 시장에서만 볼 수 있는 다양한 물건들도 **팔기** 시작했습니다.
(52회 읽기 67번)

(추천) 백화점 세일 기간에는 물건을 싸게 팝니다.

(표현) 빵을 팔다, 책을 팔다

(반의) 사다

126 청소
- cleaning
- 掃除
- 打扫
- việc dọn dẹp

(기출) 이틀 동안 주차장 **청소**를 할 겁니다.
(64회 듣기 64번)

(추천) 저는 매일 저녁에 방 청소를 합니다.

(표현) 바닥 청소, 냉장고 청소, 화장실 청소

127 가수
- singer
- 歌手
- 歌手
- ca sĩ

(기출) 우리는 집에서 한국 **가수**의 노래를 매일 듣습니다.
(91회 읽기 43번)

(추천) 한국 가수의 콘서트를 보려고 한국에 오는 외국인이 많습니다.

(표현) 유명 가수, 인기 가수

128 마트
- mart, grocery shop
- スーパー
- 超市
- siêu thị

(기출) **마트** 이용 시간은 평일 오전 아홉 시부터 밤 아홉 시까지입니다.
(91회 듣기 25번)

(추천) 시장보다 마트가 더 편하고 물건도 다양해서 마트에 자주 가요.

(표현) 대형 마트, 마트를 이용하다

129 가족
- family
- 家族
- 家人
- gia đình

(기출) 저는 **가족**과 생일 파티를 했습니다. (37회 읽기 43번)

(추천) 우리 가족은 아버지, 어머니, 여동생, 그리고 나 모두 네 명이에요.

(표현) 한 가족, 가족 모임

(유의) 가구, 가정

130 걷다
- walk
- 歩く
- 走
- đi bộ

(기출) 저는 영화관까지 **걸어서** 갔습니다. (52회 읽기 44번)

(추천) 저는 매일 공원을 걷습니다.

(표현) 길을 걷다, 걸어서 다니다

(반의) 뛰다, 달리다

TOPIK I

---

131 **것**
- thing
- もの
- 的
- cái

기출 설탕은 음식을 할 때만 쓰는 **것**은 아닙니다. (60회 읽기 65번)

추천 이 책은 언니의 것입니다.

표현 내 것, 누구 것, 친구 것

유의 거

---

132 **공부**
- study
- 勉強
- 学习
- học tập

기출 **공부**와 일을 같이 하려면 힘들겠어요. (35회 듣기 22번)

추천 공부가 어려워서 머리가 아파요.

표현 공부 시간, 영어 공부, 한국어 공부

유의 학습, 학업

---

133 **공원**
- park
- 公園
- 公园
- công viên

기출 저는 **공원**에서 자전거를 탔습니다. (60회 읽기 44번)

추천 저는 아침에 산책을 하러 공원에 갑니다.

표현 공원에 나오다, 공원에서 산책하다

---

134 **듣다❶**
- listen, hear
- 聞く
- 听
- nghe

기출 우리는 한국 노래를 가끔 **듣습니다**. (91회 읽기 43번)

추천 아침을 먹으면서 라디오를 들어요.

표현 음악을 듣다, 이야기를 듣다

---

135 **듣다❷**
- take (class)
- 受ける
- 上课、听课
- học lớp

기출 쉬운 수업을 **듣고** 싶습니다. (64회 듣기 23번)

추천 저는 김 선생님의 수업을 들었어요.

표현 강의를 듣다, 영어 수업을 듣다

136 맛있다
- delicious
- おいしい
- 好吃
- ngon

기출 동생이 만든 빵은 아주 **맛있습니다**. (83회 읽기 46번)
추천 이 식당은 김치가 맛있어요.
표현 맛있는 음식, 맛있게 먹다, 음식이 맛있다
반의 맛없다

137 어렵다
- difficult
- 難しい
- 难
- khó

기출 그 시험은 아주 **어렵습니다**. (35회 읽기 44번)
추천 어려운 문제는 선생님께 물어보세요.
표현 어려운 글, 어려운 일, 한국어가 어렵다
유의 힘들다 **반의** 쉽다

138 영화
- movie
- 映画
- 电影
- phim

기출 저는 극장에서 **영화**를 봅니다. (35회 읽기 46번)
추천 영화가 곧 시작해요.
표현 공포 영화, 슬픈 영화, 재미있는 영화

139 찍다
- take
- 撮る
- 拍、拍摄
- chụp, quay

기출 가족들이 함께 사진을 **찍습니다**. (52회 읽기 39번)
추천 이 사진은 제가 어릴 때 찍은 사진이에요.
표현 같이 찍다, 드라마를 찍다
유의 촬영하다

140 필요하다
- need
- 必要だ
- 需要
- cần

기출 집에 새 물건들이 많이 **필요합니다**. (37회 읽기 50번)
추천 해외여행을 가려면 여권이 필요해요.
표현 필요한 물건, 돈이 필요하다, 시간이 필요하다
반의 필요 없다

TOPIK I

141 함께
- together
- 一緒に
- 一起
- cùng nhau

（기출） 저는 친구와 **함께** 삽니다. (91회 읽기 43번)
（추천） 저녁에는 가족들과 함께 식사해요.
（표현） 함께 가다, 함께 있다
（유의） 같이　（반의） 따로, 혼자, 홀로

---

142 혼자
- alone
- 一人で
- 独自
- một mình

（기출） 저는 퇴근하고 **혼자** 운동합니다. (91회 읽기 54번)
（추천） 저는 혼자 여행을 갈 거예요.
（표현） 나 혼자, 혼자 살다
（유의） 홀로　（반의） 같이, 함께

---

143 병원
- hospital
- 病院
- 医院
- bệnh viện

（기출） 친구가 기숙사에 와서 저를 데리고 **병원**에 갔습니다. (83회 읽기 53번)
（추천） 다리가 아파서 병원에 갔어요.
（표현） 병원에 입원하다, 병원에서 퇴원하다

---

144 우체국
- post office
- 郵便局
- 邮局
- bưu điện

（기출） 펭귄 **우체국**에서 이렇게 번 돈은 남극의 펭귄을 위해서 사용합니다. (83회 읽기 58번)
（추천） 우체국에서 부모님께 드릴 선물과 편지를 보냈어요.
（표현） 우체국 직원, 우체국에 가다

---

145 유명하다
- famous
- 有名だ
- 有名
- nổi tiếng

（기출） 방송에 나온 후 이 국수 가게에 오는 사람이 많아져서 동문시장도 함께 **유명해졌기** 때문입니다. (64회 읽기 55번)
（추천） 한국의 김치는 건강에 좋은 음식으로 유명합니다.
（표현） 유명한 가수, 유명한 영화, 세계적으로 유명하다

146 행사
- event
- 行事
- 活动
- sự kiện

기출 **행사** 기간 동안에 식당 문을 닫습니다. (83회 듣기 26번)

추천 서울시는 가족의 달을 맞아 여러 가지 행사를 진행합니다.

표현 가족 행사, 행사 안내, 행사를 준비하다

147 과자
- snack, cookie
- お菓子
- 饼干
- bánh kẹo

기출 저는 친구에게 주려고 **과자**를 만들었습니다. (52회 읽기 43번)

추천 이 과자는 커피와 함께 먹으면 맛있습니다.

표현 맛있는 과자, 과자를 사다

유의 스낵

148 서비스
- service
- サービス
- 服务
- dịch vụ

기출 한국대학교에서는 외국인 학생들에게 한복을 빌려주는 **서비스**를 시작했습니다. (91회 듣기 51번)

추천 집에서 편하게 주문할 수 있는 배달 서비스를 이용해 보세요.

표현 청소 서비스, 서비스가 좋다, 서비스를 받다

149 이유
- reason, cause
- 理由
- 理由
- lý do

기출 특별히 이 책을 쓰신 **이유**가 있으세요? (83회 듣기 29번)

추천 친구가 나에게 화가 났는데 그 이유를 알 수가 없다.

표현 간단한 이유, 복잡한 이유, 이유를 모르다

유의 원인

Chapter 2

출제 2순위 어휘
The 2nd Most Frequently Tested Vocabulary

TOPIK I

150 곳
- place
- 場所
- 地方
- nơi

<기출> 기타를 잘 보이는 **곳**에 두세요. (47회 듣기 29번)
<추천> 경치가 좋은 곳에서 사진을 찍었어요.
<표현> 어느 곳, 조용한 곳
<유의> 장소, 위치, 자리

151 극장
- (movie) theater
- 劇場, 映画館, シアター
- 影剧院
- nhà hát

<기출> 저는 **극장**에 자주 갑니다. (35회 읽기 46번)
<추천> 지금 극장 안에는 사람이 아주 많아요.
<표현> 극장 건물, 극장 구경, 극장에 가다
<유의> 영화관

152 눈❶
- eye
- 目
- 眼睛
- mắt

<기출> 동생은 **눈**이 큽니다.
(41회 읽기 33번)
<추천> 저는 눈이 나빠서 안경을 씁니다.
<표현> 맑은 눈, 예쁜 눈, 작은 눈

153 되다
- become
- なる
- 成为
- trở thành

<기출> 저는 가수가 **되고** 싶습니다.
(47회 읽기 46번)
<추천> 저도 그 선수처럼 되고 싶어요.
<표현> 경찰이 되다, 의사가 되다

154 마시다
- drink
- 飲む
- 喝
- uống

<기출> 아침에 우유를 **마시면** 좋습니다.
(52회 듣기 22번)
<추천> 저는 보통 이 카페에서 커피를 마셔요.
<표현> 다 마시다, 물을 마시다, 주스를 마시다

155 시장
- market
- 市場
- 市场
- chợ

기출 지난 주말에 채소를 사러 **시장**에 갔습니다. (83회 읽기 57번)

추천 이 시장은 고기가 싸고 신선해요.

표현 꽃 시장, 전통 시장, 시장을 구경하다

156 이름
- name
- 名前
- 名字
- tên

기출 **이름**과 전화번호를 말씀해 주세요. (83회 듣기 21번)

추천 그 가게의 이름이 무엇입니까?

표현 이름을 묻다, 이름을 부르다, 이름이 예쁘다

유의 명, 성명

157 주다
- give
- 与える
- 给
- cho

기출 거기에서 안내도 해 주고 지도도 **줘요**. (41회 듣기 19번)

추천 언니가 동생에게 과자를 줬어요.

표현 돈을 주다, 친구에게 주다

반의 받다

158 크다❶
- big, large
- 大きい
- 大
- lớn

기출 친구가 선물로 준 건데 사이즈가 좀 **커요**. (41회 듣기 21번)

추천 이 집은 거실이 아주 큽니다.

표현 큰 옷, 큰 집, 눈이 크다

반의 작다

159 크다❷
- tall
- （背が）高い
- （个子）高
- cao

기출 키가 아주 **큽니다**. (60회 읽기 37번)

추천 저기 키가 큰 사람이 제 남자 친구예요.

표현 큰 키, 키가 큰 남자, 키가 큰 여자

반의 작다

TOPIK I

160 백화점
- department store
- デパート
- 百货商店
- trung tâm thương mại

기출 저는 **백화점**에서 컵을 샀습니다.
(96회 읽기 45번)

추천 백화점 물건은 비싸지만 오래 쓸 수 있어서 좋아요.

표현 대형 백화점, 백화점 할인

---

161 시험
- exam
- 試験
- 考试
- kỳ thi

기출 **시험** 때문에 아침에 일찍 일어나니까 공부도 안 되고 힘드네요.
(91회 듣기 22번)

추천 이번 시험은 너무 어려워서 잘 못 봤어요.

표현 시험 공부, 시험 문제, 시험 성적

---

162 약국
- pharmacy
- 薬局, 薬屋
- 药局
- hiệu thuốc

기출 병원과 **약국**은 같은 층에 있습니다.
(47회 읽기 41번)

추천 머리가 아파서 약국에서 약을 사서 먹었어요.

표현 약국에 가다, 약국에서 약을 사다

---

163 여름
- summer
- 夏
- 夏天
- mùa hè

기출 한국에는 봄, **여름**, 가을, 겨울이 있습니다.
(36회 읽기 33번)

추천 한국은 여름에 비가 많이 오고 덥습니다.

표현 더운 여름, 여름이 오다

---

164 선수
- player, athlete
- 選手
- 选手、运动员
- vận động viên

기출 김수미 **선수**는 어떻게 수영을 시작하게 됐어요?
(91회 듣기 29번)

추천 동생은 축구를 좋아해서 축구 선수가 되고 싶어 합니다.

표현 농구 선수, 야구 선수

165 아르바이트
- part-time job
- アルバイト
- 打工
- việc làm thêm

(기출) 저는 방학에 아르바이트도 하고 여행도 했어요. (52회 듣기 18번)
(추천) 수업이 끝난 후에 편의점에서 아르바이트를 합니다.
(표현) 아르바이트 자리, 아르바이트를 구하다

166 연습
- practice
- 練習
- 练习
- bài tập

(기출) 친구들 앞에서 매일 말하기 연습을 했어요. (52회 듣기 29번)
(추천) 노래를 잘하려면 많은 연습이 필요해요.
(표현) 공연 연습, 운전 연습, 피아노 연습
(유의) 훈련, 트레이닝

167 잠
- sleep
- 眠り
- 睡觉
- giấc ngủ

(기출) 저는 어머니의 노래를 들으면 잠이 더 잘 왔습니다. (47회 읽기 65번)
(추천) 잠이 안 올 때 샤워를 하거나 따뜻한 우유를 마셔 보세요.
(표현) 잠을 자다, 잠이 들다

168 건강
- health
- 健康
- 健康
- sức khỏe

(기출) 건강을 위해서 사탕을 줄여야 합니다. (47회 듣기 24번)
(추천) 매일 운동하니까 건강이 좋아졌어요.
(표현) 건강 문제, 건강이 나쁘다

169 그리다
- draw, paint
- 描く
- 画
- vẽ

(기출) 주말마다 공원에 가서 그림을 그립니다. (36회 읽기 43번)
(추천) 저는 그림 그리는 것을 좋아해요.
(표현) 동물을 그리다, 얼굴을 그리다

TOPIK I

170 길
- road, street
- 道
- 路
- đường

(기출) 길이 막혀서 지하철을 타는 게 편해요. (60회 듣기 22번)
(추천) 주말이라서 길에 사람이 많아요.
(표현) 길 위, 좁은 길, 길이 복잡하다
(유의) 거리, 길거리

171 내다
- pay
- 払う
- 付、交
- trả tiền

(기출) 엄마는 만 원을 냅니다. (36회 읽기 42번)
(추천) 밥을 먹고 나서 돈을 냈습니다.
(표현) 밥값을 내다, 집세를 내다

172 시작하다
- start, begin
- 始める
- 开始
- bắt đầu

(기출) 뉴스는 저녁 여덟 시에 시작합니다. (41회 읽기 41번)
(추천) 꽃 축제는 이번 주 토요일에 시작해요.
(표현) 시작하는 시간, 수업을 시작하다
(반의) 끝내다, 마치다

173 아버지
- father
- お父さん
- 爸爸
- bố

(기출) 아버지는 오래 전부터 요리 학원에 다니셨습니다. (41회 읽기 70번)
(추천) 지금 아버지와 어머니는 고향에 계세요.
(표현) 아버지의 고향, 아버지의 생신
(유의) 아빠 (반의) 어머니

174 아주
- very
- とても
- 非常
- rất

(기출) 저는 목소리가 아주 큽니다. (41회 읽기 53번)
(추천) 할아버지는 연세가 많으시지만 아주 건강하십니다.
(표현) 아주 멀다, 아주 좋다
(유의) 매우

175 안경
- glasses
- 眼鏡
- 眼镜
- kính

기출 안경을 쓰고 거울을 한번 보세요. (37회 듣기 16번)

추천 자기 전에는 꼭 안경을 벗습니다.

표현 안경을 끼다, 안경을 벗다

176 우산
- umbrella
- 傘
- 雨伞
- ô

기출 저는 학교에 우산을 가지고 왔습니다. (47회 읽기 44번)

추천 비가 오니까 제 우산을 같이 써요.

표현 우산을 들다, 우산을 준비하다

177 운동화
- running shoes, sneakers
- 運動靴
- 运动鞋
- giày thể thao

기출 이 운동화 신어 봐도 돼요? (91회 듣기 10번)

추천 등산할 때 편한 운동화를 신어야 해요.

표현 새 운동화, 운동화 한 켤레

178 저녁
- dinner
- 夕食
- 晩餐
- bữa tối

기출 축구 본 후에 저녁도 같이 먹어요. (91회 듣기 19번)

추천 내일 저녁은 밖에서 먹지 말고 집에서 먹읍시다.

표현 저녁 메뉴, 저녁 식사

유의 저녁밥

179 어리다
- young, little
- 若い
- 年轻
- trẻ

기출 형은 어릴 때 조용하고 말이 없었습니다. (36회 읽기 48번)

추천 남동생은 저보다 세 살이 어려요.

표현 어린 시절, 어린아이

TOPIK I

180 이런
- such, like this
- こんな
- 这样
- như thế này

(기출) 회사원들의 **이런** 생활은 목에 좋지 않습니다.
(64회 읽기 58번)

(추천) 눈이 많이 내리는 이런 날씨에 운전하는 건 위험해요.

(표현) 이런 사람, 이런 상황

---

181 이용하다
- use
- 利用する
- 利用
- sử dụng

(기출) 버스는 삼십 분마다 서울 투어 버스 정류장에서 **이용하실** 수 있습니다.
(52회 듣기 25번)

(추천) 스마트폰을 이용하면 모든 일을 쉽고 빠르게 할 수 있어요.

(표현) 지하철을 이용하다, 컴퓨터를 이용하다

(유의) 사용하다

---

182 취미
- hobby
- 趣味
- 爱好
- sở thích

(기출) 제 **취미**는 가구 만들기입니다.
(64회 읽기 45번)

(추천) 주말에 집에만 있지 말고 여행이나 등산 같은 취미를 가져 보세요.

(표현) 취미 생활, 취미 활동, 취미가 다양하다

---

183 겨울
- winter
- 冬
- 冬天
- mùa đông

(기출) **겨울**에 따뜻한 나라로 가는 사람들을 위해 **겨울** 옷을 맡아 주는 곳도 있습니다. (52회 읽기 61번)

(추천) 이번 겨울은 눈도 많이 내리고 정말 추웠어요.

(표현) 겨울 날씨, 작년 겨울, 겨울이 되다

---

184 부탁
- request, favor
- 頼み, お願い
- 请求
- nhờ vả, yêu cầu

(기출) 많은 관심 **부탁** 드립니다.
(47회 읽기 63번)

(추천) 도움이 필요해서 친구에게 부탁을 했습니다.

(표현) 어려운 부탁, 부탁을 들어주다

185 잘하다
- be good at
- 上手にする
- 做得好
- làm tốt

기출 저는 발표를 **잘하고** 싶어서 발표하기 전에 연습을 많이 했습니다. (60회 읽기 61번)

추천 동생은 공부를 잘해서 이번 시험에서 1등을 했습니다.

표현 노래를 잘하다, 운동을 잘하다

186 직업
- job, occupation
- 職業
- 职业
- nghề nghiệp

기출 저는 **직업**을 바꾸고 싶습니다. (52회 읽기 69번)

추천 대학교를 졸업했지만 아직도 직업을 찾지 못했어요.

표현 선호하는 직업, 직업을 구하다, 직업을 선택하다

유의 일, 일자리

187 연락
- communication, contact
- 連絡
- 联系
- liên lạc

기출 내일 오전에 직원이 **연락** 드리고 고치러 갈 겁니다. (52회 듣기 27번)

추천 이사 간 친구에게 연락이 왔습니다.

표현 연락을 받다, 연락을 하다

188 잠시
- a moment
- しばらく
- 暂时、一会
- một chút

기출 **잠시** 후 아버지는 웃으면서 저를 꼭 안아 주셨습니다. (83회 읽기 69번)

추천 여기서 잠시 기다려 줄 수 있어요?

표현 잠시 뒤, 잠시 전, 잠시 후

유의 잠깐

189 휴가
- vacation, holiday
- 休暇
- 休假
- kỳ nghỉ

기출 **휴가**는 가족과 함께 보내야 합니다. (47회 듣기 22번)

추천 이번 휴가 때 친구들과 제주도에 갈 거예요.

표현 여름휴가, 휴가를 떠나다

유의 방학

TOPIK I

190 **경치**
- scenery, view
- 景色
- 景色
- cảnh sắc, phong cảnh

(기출) 여주에 있는 섬인데, **경치**가 아름다워서 드라마에 자주 나와요.
(64회 듣기 27번)

(추천) 이곳은 경치가 좋아서 많은 관광객들이 찾아와요.

(표현) 멋진 경치, 경치를 보다　(유의) 풍경

---

191 **그래요?**
- really?
- そうですか?
- 是吗?
- thế à?

(기출) 아, **그래요?** 그럼 내일 봐요.
(64회 듣기 17번)

(추천) 그래요? 처음 듣는 이야기예요.

---

192 **그럼**
- if so, then
- では
- 那么
- vậy thì

(기출) 그래요? **그럼** 언제쯤 받을 수 있어요?
(37회 듣기 29번)

(추천) 선생님께서 안 계세요? 그럼 내일 다시 올게요.

(유의) 그러면

---

193 **나무**
- tree
- 木
- 树
- cây

(기출) 저는 이사를 가서 **나무**를 심을 겁니다.
(36회 읽기 70번)

(추천) 이 산에는 큰 나무가 많습니다.

(표현) 나무 그늘, 나무 의자, 나무를 키우다

---

194 **대회**
- competition, contest
- 大会
- 比赛
- cuộc thi

(기출) 이 **대회**는 이번 달에 합니다.
(64회 듣기 26번)

(추천) 저는 한국어 말하기 대회에 참가했어요.

(표현) 노래 대회, 축구 대회, 대회에 나가다

195 도와주다
- help
- 手伝ってやる, 手助けする
- 帮助
- giúp đỡ

(기출) 지현 씨가 저를 **도와주었습니다**.
(35회 읽기 47번)

(추천) 짐이 무거운데 좀 도와주실래요?

(표현) 일을 도와주다, 친구를 도와주다 (유의) 돕다

196 도착하다
- arrive
- 到着する
- 到达、到
- đến nơi

(기출) 약속 장소에 늦게 **도착했습니다**. (83회 읽기 45번)

(추천) 지금 출발했으니까 1시간 후에 도착할 거예요.

(표현) 도착하는 시간, 집에 도착하다, 학교에 도착하다

(반의) 출발하다

197 들다❶
- be contained
- 入る
- 有、含有
- cầm

(기출) 안에 뭐가 **들어** 있어요? (52회 듣기 9번)

(추천) 지갑 안에 돈과 카드가 들었어요.

(표현) 돈이 들어 있다, 책이 들어 있다 (유의) 담기다

198 들다❷
- come in (one's favor)
- (気に)入る
- 入眼、喜欢
- hài lòng

(기출) 저는 모자가 마음에 **듭니다**.
(91회 읽기 47번)

(추천) 저는 이 집이 깨끗해서 마음에 들어요.

(표현) 마음에 드는 것, 눈에 들다

199 들다❸
- lift, carry
- 持つ
- 拿、提
- cầm, mang

(기출) 식탁이 무거운데 같이 좀 **들어** 줄래요? (64회 듣기 16번)

(추천) 친구들이 제 짐을 나눠서 들어 줬어요.

(표현) 가방을 들다, 들어 올리다

(유의) 올리다 (반의) 내리다

Chapter 2 출제 2순위 어휘

TOPIK I

200 옷
- clothes
- 服
- 衣服
- quần áo

〔기출〕 옷장에 **옷**이 너무 많습니다.
(83회 읽기 48번)

〔추천〕 옷 가게에서 옷을 입어 봤습니다.

〔표현〕 새 옷, 여자 옷

---

201 은행
- bank
- 銀行
- 银行
- ngân hang

〔기출〕 돈을 찾으려고 하는데 근처에 **은행**이 있어요?
(35회 듣기 17번)

〔추천〕 은행에서 돈을 빌려서 집을 샀어요.

〔표현〕 은행 통장, 은행에 돈을 넣다

---

202 입다
- wear, put on
- 着る
- 穿
- mặc

〔기출〕 치마는 안 **입습니다**. (64회 읽기 33번)

〔추천〕 저는 흰색 티셔츠를 자주 입어요.

〔표현〕 옷을 입다, 한복을 입다

〔반의〕 벗다

---

203 자다
- sleep
- 寝る
- 睡觉
- ngủ

〔기출〕 저는 매일 밤 열두 시에 **잡니다**. (60회 읽기 39번)

〔추천〕 아기가 방에서 자고 있으니까 조용히 하세요.

〔표현〕 자는 시간, 잠을 자다

〔유의〕 잠자다 〔반의〕 일어나다

---

204 축제
- festival
- 祭り
- 庆典
- lễ hội

〔기출〕 매년 여름에 한강에서 **축제**를 합니다.
(91회 읽기 44번)

〔추천〕 다음 주에 학교 축제가 있으니까 꼭 오세요.

〔표현〕 문화 축제, 축제 기간, 축제가 열리다

205 농구
- basketball
- バスケットボール
- 篮球
- bóng rổ

기출 김현수 선수가 와서 농구를 가르쳐 주는 행사가 있어요. (52회 듣기 20번)
추천 우리는 농구를 보러 농구장에 갔어요.
표현 농구 경기, 농구 선수

206 언니
- (for female) older sister
- （女の使う言葉）姉, お姉さん
- （女子说的话）姐姐
- (từ vựng nữ) chị gái

기출 우리 언니는 시골 학교에서 학생들을 가르칩니다. (41회 읽기 46번)
추천 저와 언니는 시끄러운데 오빠는 조용해요.
표현 예쁜 언니, 착한 언니, 첫째 언니
반의 동생

207 강아지
- puppy
- 子犬
- 小狗
- chó con

기출 강아지와 함께 놀고 같이 산책도 하면서 시간을 보내게 되었습니다. (37회 읽기 59번)
추천 저는 작은 강아지 두 마리를 키우고 있습니다.
표현 강아지 주인, 강아지 한 마리, 강아지를 기르다

208 계속
- continuously
- 継続, 続き, ずっと
- 继续
- tiếp tục

기출 저는 이 회사에서 계속 일하면 좋겠습니다. (64회 읽기 48번)
추천 지난주부터 계속 비가 내리고 있어요.
표현 계속 먹다, 계속 살다

209 그때
- (at) that time
- その時
- 那时
- lúc đó

기출 그때부터 왼손으로 글씨를 쓰기 시작했습니다. (52회 읽기 57번)
추천 밖에 나가는데 그때 전화가 와서 다시 집으로 들어갔어요.
표현 그때 그 사람, 그때 그 시절

TOPIK I

210 비행기
- airplane
- 飛行機
- 飞机
- máy bay

(기출) 저는 작년 한국 여행 때 **비행기**를 처음 탔습니다.
(60회 읽기 49번)

(추천) 비행기 출발 3시간 전까지 공항에 도착해야 합니다.

(표현) 국내선 비행기, 국제선 비행기

---

211 언제
- when
- いつ
- 什么时候
- khi nào

(기출) 아침 식사 시간은 **언제**예요?
(64회 듣기 9번)

(추천) 제니 씨는 언제 한국에 왔어요?

(표현) 언제든지, 언제부터, 언제까지

---

212 연습하다
- practice
- 練習する
- 练习
- luyện tập

(기출) 혼자서 **연습하는** 것을 휴대 전화로 찍고 잘 못한 부분을 다시 **연습했습니다**. (60회 읽기 61번)

(추천) 다음 주에 공연이 있어서 매일 밤늦게까지 연습하고 있어요.

(표현) 노래를 연습하다, 발표를 연습하다, 열심히 연습하다

(유의) 훈련하다

---

213 새
- new
- 新しい
- 新
- mới

(기출) **새** 시계를 구경해 보고 싶습니다.
(83회 듣기 23번)

(추천) 새 책을 다 살 수 없어서 주로 도서관에서 빌려서 읽어요.

(표현) 새 옷, 새 차, 새 친구

---

214 기간
- period
- 期間
- 期间
- thời gian

(기출) 보통 여행 **기간**이나 장소를 정하지 않고 여행을 떠납니다.
(52회 읽기 49번)

(추천) 시험 기간 동안 도서관에서 공부하는 학생들이 많습니다.

(표현) 교육 기간, 행사 기간, 기간이 지나다

215 멋있다
- nice, stylish, cool
- かっこいい
- 酷、有型、很棒
- đẹp, ngầu

(기출) 그런데 저는 춤을 추는 게 특히 **멋있어** 보여요. (83회 읽기 24번)
(추천) 어디에서 그렇게 멋있는 옷을 샀어요?
(표현) 멋있는 사람, 경치가 멋있다
(유의) 멋지다

216 부르다
- sing
- 歌う
- 唱
- hát

(기출) 우리는 경기를 보면서 치킨도 먹고 함께 노래도 **불렀습니다**. (47회 읽기 53번)
(추천) 어머니는 제가 잠을 잘 때 조용한 노래를 불러 주셨습니다.
(표현) 가요를 부르다, 팝송을 부르다

217 잊다
- forget
- 忘れる
- 忘记
- quên

(기출) '첫사랑'은 내용이 아름다워서 많은 사람들이 **잊지** 못하는 영화입니다. (47회 읽기 61번)
(추천) 제가 부탁한 것을 잊지 마세요.
(표현) 약속을 잊다, 이름을 잊다 (유의) 잊어버리다

218 행복하다
- happy
- 幸せだ
- 幸福
- hạnh phúc

(기출) 남자는 아이에게 편지와 상을 줘서 **행복했습니다**. (83회 듣기 30번)
(추천) 좋아하는 친구들과 이야기를 할 때 행복합니다.
(표현) 행복한 생활, 행복하게 살다
(반의) 불행하다

219 가지다
- have, take
- 持つ
- 带
- có

(기출) 미술관으로 사진기를 **가지고** 들어오시면 안 됩니다. (35회 듣기 18번)
(추천) 비가 올 것 같아서 우산을 가지고 나왔어요.
(표현) 가진 돈, 가지고 가다
(유의) 갖다, 지니다

TOPIK I

220 고향
- hometown
- 故鄉, 古里
- 家乡、故乡
- quê hương

(기출) 저는 고향에 갈 거예요.
(64회 듣기 13번)

(추천) 제 고향은 아름다운 바다로 유명해요.

(표현) 고향 음식, 고향 친구

---

221 나다
- happen, occur
- 起こる, 発生する
- 出
- xuất hiện

(기출) 자전거 도로에서도 사고가 날 수 있습니다.
(41회 듣기 22번)

(추천) 차 사고가 나서 길이 많이 막혀요.

(표현) 불이 나다, 큰일이 나다

---

222 몇
- some, several, how many/old, what time
- いくつの
- 几
- bao nhiêu

(기출) 오늘 회의는 몇 시예요?
(35회 듣기 12번)

(추천) 우리는 몇 달 전에 만난 적이 있어요.

(표현) 몇 개, 몇 명

---

223 미술관
- art gallery
- 美術館
- 美术馆
- bảo tàng mỹ thuật

(기출) 오랜만에 미술관에 오니까 좋네요.
(60회 듣기 21번)

(추천) 어제는 미술관에서 다양한 그림을 봤습니다.

(표현) 미술관에 가다, 미술관을 구경하다

---

224 방학
- vacation
- 休み
- 放假（学校）
- kỳ nghỉ

(기출) 방학에 한국에 가고 싶습니다.
(64회 읽기 47번)

(추천) 여름 방학에는 친구하고 여행을 갈 거예요.

(표현) 방학 기간, 방학 숙제, 방학이 되다

225 보통
- usually
- 普通
- 普通
- bình thường

(기출) 저는 **보통** 친구와 같이 학교에 갑니다.
(36회 읽기 47번)

(추천) 저는 보통 아침 일곱 시에 일어나요.

(유의) 흔히

---

226 생각
- thought, idea
- 考え
- 想法、主意
- suy nghĩ

(기출) 사람들의 **생각**처럼 경찰관은 힘든 일을 많이 합니다.
(83회 듣기 29번)

(추천) 여러분의 생각을 말해 주세요.

(표현) 좋은 생각, 생각을 하다, 생각이 많다

---

227 소포
- package, parcel
- 小包
- 包裹
- bưu kiện

(기출) 이 **소포** 미국에 보내고 싶은데요.
(52회 듣기 9번)

(추천) 소포 안에는 옷하고 신발이 들어 있어요.

(표현) 소포를 받다, 소포를 배달하다

---

228 오래
- long, for a long time
- 長い
- 很久
- lâu

(기출) 저는 이 회사에 **오래** 다니고 싶습니다. (64회 읽기 48번)

(추천) 병원에 사람이 많아서 오래 기다렸어요.

(표현) 오래 걸리다, 오래 일하다

(반의) 잠깐, 잠시

---

229 요리
- cooking
- 料理
- 料理
- món ăn

(기출) **요리** 교실은 토요일마다 있습니다.
(36회 읽기 42번)

(추천) 요리 방법을 좀 가르쳐 줄 수 있어요?

(표현) 고기 요리, 요리 학원, 요리를 잘하다

TOPIK I

230 일❷
- day
- 日
- 天、日
- ngày

(기출) 오늘은 1월 1일입니다.
(37회 읽기 31번)
(추천) 삼 일 동안 계속 비가 내렸어요.
(표현) 십 일, 백 일, 천 일

---

231 준비하다
- prepare
- 準備する
- 准备
- chuẩn bị

(기출) 저는 맛있는 김밥을 **준비했습니다**.
(60회 읽기 44번)
(추천) 제가 준비한 꽃과 선물을 친구에게 줬어요.
(표현) 결혼을 준비하다, 수업을 준비하다

---

232 찾다
- find, look for
- 探す
- 找
- tìm

(기출) 손님, 뭐 **찾으세요**? (36회 듣기 7번)
(추천) 저는 지금 빨간색 지갑을 찾고 있어요.
(표현) 물건을 찾다, 아이를 찾다
(반의) 잃다

---

233 경기
- game
- 試合
- 比赛
- trận đấu

(기출) **경기**에 참가하는 선수들은 9시까지 와 주시기 바랍니다.
(35회 읽기 63번)
(추천) 선수들은 경기에서 이기기 위해 열심히 뛰었어요.
(표현) 경기 규칙, 경기를 하다
(유의) 게임

---

234 서점
- bookstore
- 本屋
- 书店
- hiệu sách

(기출) 커피숍 옆에 **서점**이 있습니다. (47회 읽기 41번)
(추천) 저는 서점에서 책 두 권을 샀어요.
(표현) 큰 서점, 서점에 가다
(유의) 책방

235 이메일
- email
- イーメール
- 电子邮件
- email

기출 관심 있으신 분은 **이메일**로 연락 주십시오. (36회 읽기 63번)

추천 숙제는 이번 주 금요일까지 이메일로 보내야 합니다.

표현 이메일 주소, 이메일을 쓰다　**유의** 메일, 전자 우편

---

236 잠깐
- for a moment
- しばらく、ちょっと
- 一会儿
- một chút

기출 그래서 **잠깐**씩 일어나서 목 운동을 해야 합니다. (64회 읽기 58번)

추천 너무 피곤하면 잠깐 자거나 쉬세요.

표현 잠깐 동안, 잠깐 기다리다

유의 좀, 잠시, 조금

---

237 항상
- always
- いつも
- 总是
- luôn luôn

기출 저는 휴가 때마다 **항상** 집에서 책을 읽거나 잠을 자면서 보내요. (47회 듣기 22번)

추천 저 식당은 항상 손님이 많아서 밥을 먹으려면 오래 기다려야 해요.

표현 항상 같다, 항상 늦다, 항상 바쁘다　**유의** 늘

---

238 바라다
- wish, hope
- 願う、望む
- 希望
- mong muốn

기출 올해는 특히 많은 선물이 준비되어 있으니 많이 참가해 주시기 **바랍니다**. (64회 듣기 25번)

추천 부모님은 항상 저의 건강과 행복을 바라십니다.

표현 바라는 일, 성공을 바라다　**유의** 꿈꾸다, 원하다

---

239 별로
- (not) really, (not) so much
- 別に、あまり
- (不) 怎么、(没) 什么、(不) 太
- không...lắm

기출 겨울에는 산에 동물들이 먹을 것이 **별로** 없습니다. (52회 읽기 59번)

추천 저는 고기를 좋아하지만 동생은 고기를 별로 좋아하지 않아요.

표현 별로 없다, 별로 좋지 않다

TOPIK I

240 회의
- meeting
- 会議
- 会议
- cuộc họp

기출 회의 자료 좀 이메일로 보내 줄 수 있어요?
(35회 듣기 20번)

추천 저는 회의 시간에 아무 말도 하지 않고 그냥 듣습니다.

표현 회의 날짜, 회의 장소, 회의를 열다, 회의를 하다

---

241 소리
- sound
- 音, 声
- 声音
- âm thanh, tiếng

기출 에어컨에서 소리도 나고 시원하지 않습니다.
(96회 읽기 47번)

추천 밖에서 시끄러운 소리가 들려서 잠을 잘 수 없었어요.

표현 사람 소리, 음악 소리, 소리가 크다, 소리를 듣다

---

242 어떻게
- how
- どうやって
- 怎么
- làm thế nào

기출 공항에 어떻게 갔어요?
(83회 듣기 4번)

추천 이 음식은 어떻게 만들었어요?

표현 어떻게 오다, 어떻게 하다

---

243 쇼핑
- shopping
- ショッピング
- 购物
- mua sắm

기출 10월 22일에 쇼핑을 합니다.
(36회 읽기 40번)

추천 저는 인터넷 쇼핑보다 직접 가게에 가서 보고 사는 게 좋아요.

표현 온라인 쇼핑, 쇼핑을 가다

---

244 확인하다
- check
- 確認する
- 确认、查看
- kiểm tra

기출 자세한 내용은 홈페이지를 확인해 주세요.
(64회 듣기 25번)

추천 내일 일정을 확인해 보고 전화할게요.

표현 사실을 확인하다, 예약을 확인하다

245 낚시
- fishing
- 釣り
- 钓鱼
- câu cá

기출 이곳에서는 **낚시**에 필요한 물건을 빌려주고 낚시하는 방법을 가르쳐 줍니다. (60회 읽기 55번)

추천 이번 여름휴가에는 낚시를 하러 바다에 갈 거예요.

표현 낚시를 가다, 낚시에 걸리다

---

246 값
- price
- 値段
- 价
- giá

기출 연극도 영화처럼 **값**이 싸면 좋겠습니다. (36회 듣기 23번)

추천 이 음식은 값도 싸고 맛도 있어서 손님들에게 인기가 많아요.

표현 값을 내다, 값이 오르다

유의 가격

---

247 공책
- notebook
- ノート
- 笔记本
- vở

기출 **공책**이 커요. (36회 듣기 1번)

추천 저는 문구점에서 공책을 한 권 샀습니다.

표현 공책에 쓰다, 공책에 적다

유의 노트

---

248 괜찮다
- be okay, feel better
- 宜しい、良い、大丈夫だ
- 没事、还好、不错
- không sao

기출 수미 씨는 **괜찮아요**? (91회 듣기 22번)

추천 약을 먹어서 몸이 좀 괜찮아졌어요.

표현 괜찮은 사람, 건강이 괜찮다, 기분이 괜찮다

---

249 그릇
- bowl, dish
- 器、皿
- 碗
- bát

기출 지난주에 주문한 **그릇** 때문에 전화 드렸습니다. (37회 듣기 29번)

추천 밥을 먹은 후에 바로 그릇을 씻어요.

표현 반찬 그릇, 찌개 그릇, 플라스틱 그릇

유의 식기

TOPIK I

250 기차
- train
- 汽車
- 火车
- tàu hỏa

기출 기찻길에 아직도 기차가 다닙니다. (47회 읽기 68번)
추천 이번에는 기차를 타고 여행을 갑니다.
표현 기차 여행, 기차 요금, 기차를 놓치다
유의 열차

---

251 꽃
- flower
- 花
- 花
- hoa

기출 저는 시골에 가서 꽃을 키우려고 합니다. (52회 읽기 56번)
추천 산에 꽃이 예쁘게 피었습니다.
표현 꽃 냄새, 꽃 선물, 꽃 한 송이

---

252 머리
- head
- 頭
- 头
- đầu

기출 아침부터 머리가 너무 아파요. (52회 듣기 19번)
추천 그 사람은 머리에 모자를 썼습니다.
표현 머리가 크다, 머리를 다치다

---

253 모르다
- not know
- 知らない
- 不知道、不懂
- không biết

기출 저는 김민수 씨를 모릅니다. (83회 읽기 38번)
추천 저는 그 사람의 이름을 몰라요.
표현 모르는 사람, 길을 모르다
반의 알다

---

254 무엇
- what
- 何
- 什么
- cái gì

기출 지금 무엇을 마셔요? (91회 듣기 3번)
추천 저 꽃의 이름은 무엇입니까?
표현 무엇으로, 무엇이든지
유의 뭐, 뭘

255 바꾸다
- change, exchange
- 変える, 交換する
- 换
- thay đổi

(기출) 이거 한국 돈으로 **바꾸고** 싶어요. (60회 듣기 9번)
(추천) 이 옷을 다른 옷으로 바꿔 주세요.
(표현) 바꿔 입다, 새것으로 바꾸다
(유의) 교환하다

256 사진
- picture, photo
- 写真
- 照片
- bức ảnh

(기출) 한복을 입고 **사진**도 찍을 겁니다. (64회 읽기 47번)
(추천) 주말에 가족들과 같이 사진을 찍었어요.
(표현) 가족사진, 졸업 사진

257 생일
- birthday
- 誕生日
- 生日
- sinh nhật

(기출) 저는 **생일** 선물을 받았습니다. (37회 읽기 43번)
(추천) 저는 친구들과 같이 생일 파티를 했어요.
(표현) 생일을 축하하다, 생일에 초대하다
(유의) 생신, 생일날

258 싸다
- cheap
- 安い
- 便宜
- rẻ

(기출) 채소가 **싸고** 좋아서 많이 샀습니다. (83회 읽기 57번)
(추천) 이 가게는 물건값이 아주 싸군요.
(표현) 싼값, 싸게 사다, 싸게 팔다
(유의) 저렴하다 (반의) 비싸다

259 아프다
- hurt, ache
- 痛い
- 痛、疼
- đau

(기출) 귀가 계속 **아파서** 여행이 즐겁지 않았습니다. (60회 읽기 49번)
(추천) 지금 허리와 다리가 좀 아파요.
(표현) 아픈 곳, 몸이 아프다

TOPIK I

260 앞
- front
- 前
- 前面
- phía trước

(기출) 학교 **앞**에 새 카페가 문을 열었습니다. (36회 읽기 49번)
(추천) 일 끝나고 회사 앞에서 만나는 게 어때요?
(표현) 앞 건물, 책상 앞
(반의) 뒤

261 오랜만에
- for a long time
- 久しぶり
- 很久以后、隔了很久
- lâu rồi không gặp

(기출) **오랜만에** 산에 오니까 좋네요. (41회 듣기 24번)
(추천) 그 친구를 정말 오랜만에 만났어요.
(표현) 오랜만에 가다, 오랜만에 먹다
(유의) 오래간만에

262 이것
- this
- これ
- 这个
- cái này

(기출) **이것**보다 작은 가방 있어요? (91회 듣기 15번)
(추천) 이것은 제가 좋아하는 소설책입니다.
(표현) 이것만, 이것부터
(유의) 이거

263 전통
- tradition
- 伝統
- 传统
- truyền thống

(기출) 식혜는 한국 **전통** 음료수입니다. (35회 읽기 65번)
(추천) 우리는 전통 옷을 입고 사진을 찍었어요.
(표현) 전통 시장, 전통 음식

264 전화
- call, telephone
- 電話
- 电话
- điện thoại

(기출) 저는 친구의 **전화**를 받고 싶습니다. (47회 읽기 48번)
(추천) 친구에게 몇 번 전화를 했지만 안 받아요.
(표현) 전화 연락, 전화를 걸다, 전화를 끊다

265 책상
- desk
- 机，デスク
- 书桌
- bàn học

(기출) 정리할 때는 **책상** 정리를 먼저 해야 합니다. (41회 읽기 21번)

(추천) 책상 위에는 책이 많이 있습니다.

(표현) 책상 서랍, 책상과 의자

266 표
- ticket
- 切符，券，チケット
- 票
- vé

(기출) 버스를 탈 때는 **표**를 사야 합니다. (52회 듣기 26번)

(추천) 오늘 인터넷으로 표 두 장을 예매했어요.

(표현) 영화표, 비행기 표 (유의) 티켓

267 한번
- once (try it)
- 一度
- 一下
- một lần (thử làm một lần)

(기출) 공연장에 **한번** 가 보세요. (83회 듣기 24번)

(추천) 이 신발을 한번 신어 보세요.

(표현) 한번 물어보다, 한번 해 보다

268 형
- (for males) older brother
- (男の使う言葉) 兄，お兄さん
- (男人说的话) 哥哥
- (khi con trai gọi) anh trai

(기출) 우리 **형**은 혼자 여행을 자주 갑니다. (47회 읽기 49번)

(추천) 형은 공부도 잘하고 운동도 잘합니다.

(표현) 우리 형, 형과 누나

(반의) 동생

269 휴일
- holiday
- 休日
- 假日
- ngày nghỉ

(기출) 저는 친구와 함께 **휴일**을 지내고 싶습니다. (37회 읽기 46번)

(추천) 휴일 아침에는 늦게까지 잠을 자요.

(표현) 휴일 계획, 휴일 일정, 휴일이 많다

(유의) 공휴일 (반의) 평일

TOPIK I

270 대학교
- university
- 大学
- 大學
- đại học

(기출) 저는 내년에 **대학교**를 졸업합니다. (37회 읽기 47번)
(추천) 제 동생은 올해 대학교에 입학했어요.
(표현) 대학교 시절, 대학교 축제, 대학교에 들어가다
(유의) 대학

271 밥
- meal
- ご飯
- 饭
- cơm

(기출) 매일 학생 식당에서 **밥**을 먹습니다. (37회 읽기 44번)
(추천) 건강을 위해 밥을 잘 먹는 것이 중요합니다.
(표현) 밥 한 끼, 밥을 짓다
(유의) 식사

272 어떻다
- be how, be what
- どうだ
- 怎么样
- như thế nào

(기출) 거기 너무 복잡하니까 지하철로 가는 게 **어때요**? (64회 듣기 19번)
(추천) 제주도 여행을 해 보니까 어땠어요?
(표현) 얼굴이 어떻다, 이유가 어떻다

273 위하다
- do/be for
- ためになる, ためにする
- 为、为（了）
- vì

(기출) 식사를 못 하고 출근하시는 분들을 **위해** 내일부터 한 달 동안 아침 식사를 무료로 드립니다. (83회 듣기 25번)
(추천) 학교 도서관에는 외국인 학생들을 위한 책이 많이 있어요.
(표현) 가족을 위하다, 나라를 위하다

274 계시다
- stay, be (polite form)
- いらっしゃる
- 在（敬语）
- có (kính ngữ)

(기출) 오늘 한국에 **계시는** 아버지에게서 소포가 왔습니다. (60회 읽기 69번)
(추천) 고향에 계신 부모님께 매일 전화를 드립니다.
(표현) 시골에 계신 할머니, 잘 계시다
(유의) 있다

275 마을
- town, village
- 村
- 村庄、小区
- làng

기출 손님이 많고 바쁘지만 한 달에 한 번은 시골의 작은 **마을**을 찾아갑니다. (36회 읽기 67번)

추천 제 고향은 시골의 작고 조용한 마을이에요.

표현 고향 마을, 마을 주민, 마을에 살다　**유의** 동네

276 바다
- sea
- 海
- 大海
- biển

기출 거기에서 배를 타고 아름다운 **바다**를 봤습니다. (41회 읽기 44번)

추천 저는 여름이 되면 항상 바다에 가서 수영을 해요.

표현 바다 경치, 여름 바다

277 바로
- immediately
- すぐ
- 马上
- ngay lập tức

기출 그 대회가 끝나면 **바로** 외국에서 열리는 대회에도 나갈 겁니다. (91회 듣기 29번)

추천 너무 피곤해서 집에 가서 씻은 후에 바로 잤어요.

표현 바로 가다, 바로 연락하다　**유의** 곧장, 곧바로

278 도로
- road
- 道路
- 道路
- đường phố

기출 자전거 **도로**가 생겨서 더 안전하게 탈 수 있을 것 같은데요. (41회 듣기 22번)

추천 퇴근 시간에는 도로에 차가 많으니까 지하철을 타는 게 좋아요.

표현 도로가 막히다, 도로로 다니다, 도로를 건너다

유의 길, 거리, 길거리

279 반갑다
- be glad (to meet someone)
- 嬉しい
- (见到某个人) 高兴
- vui mừng

기출 매일 보는 동생이지만 동생의 얼굴을 텔레비전에서 보니까 **반갑고** 새로운 기분이 들었습니다. (64회 읽기 61번)

추천 오랜만에 고향 친구를 만나니까 너무 반가웠어요.

표현 반가운 손님, 반갑게 인사하다

TOPIK I

280 분❶
- person (polite form)
- 方, 様
- 位
- vị (kính ngữ)

(기출) 몇 분이 오실 거예요?
(47회 듣기 19번)

(추천) 저기 계시는 분이 사장님이세요.

(표현) 이분, 저분

---

281 영화관
- movie theater
- 映画館
- 电影院
- rạp chiếu phim

(기출) 이 영화는 영화관에서 크게 봐야 돼요.
(64회 듣기 22번)

(추천) 다음 주에 시험이 끝나면 영화관에서 영화 볼래요?

(표현) 영화관 티켓, 영화관에 가다

(유의) 극장

---

282 빵집
- bakery
- パン屋
- 面包店
- tiệm bánh

(기출) 저는 빵집에서 일하고 싶습니다.
(83회 읽기 46번)

(추천) 친구 생일이라서 빵집에서 생일 케이크를 샀습니다.

(표현) 빵집 주인, 빵집 직원

---

283 다양하다
- various
- 多様だ, 様々だ
- 多种多样
- đa dạng

(기출) 주말에는 다양한 음악 공연을 볼 수 있습니다.
(60회 읽기 51번)

(추천) 이 식당의 음식은 가격도 싸고 종류도 다양해서 좋아요.

(표현) 다양한 방법, 다양한 종류

284 봄
- spring
- 春
- 春天
- mùa xuân

(기출) 민수 씨는 **봄**이 좋아요? 가을이 좋아요?
(96회 듣기 14번)

(추천) 꽃이 많이 핀 것을 보니까 이제 진짜 봄이네요.

(표현) 따뜻한 봄, 봄이 되다, 봄이 오다

285 어떤
- some, a certain
- どんな、ある
- 什么（样的）、某个
- như thế nào

(기출) 거기에서 두 사람이 **어떤** 섬에 갔는데 정말 아름다웠어요.
(64회 듣기 27번)

(추천) 요즘 어떤 노래를 자주 들어요?

(표현) 어떤 사람, 어떤 음식

286 주스
- juice
- ジュース
- 果汁
- nước ép

(기출) **주스** 병을 버리지 않고 꽃병으로 쓰고 있어요.
(64회 듣기 24번)

(추천) 오렌지 주스를 마시고 싶어요.

(표현) 과일 주스, 주스 한 컵

287 참가하다
- participate
- 参加する
- 参加
- tham gia

(기출) 여자는 다음 달 수영 대회에 **참가할** 겁니다.
(91회 듣기 30번)

(추천) 한국어 말하기 대회에 참가하려면 어떻게 해야 해요?

(표현) 행사에 참가하다, 회의에 참가하다

(유의) 참여하다

TOPIK I

288 채소
- vegetable
- 野菜
- 蔬菜
- rau

(기출) 신선한 **채소**, 맛있는 과일이 있는 인주 마트입니다. (91회 듣기 25번)
(추천) 채소와 과일을 자주 먹으면 건강을 지킬 수 있습니다.
(표현) 채소로 만들다, 채소를 기르다
(유의) 야채

289 천천히
- slowly
- ゆっくり
- 慢慢地
- chậm rãi

(기출) 큰 얼음은 작은 얼음보다 **천천히** 녹고, 오래 얼린 얼음도 잠깐 얼린 얼음보다 **천천히** 녹습니다. (64회 읽기 65번)
(추천) 밥을 천천히 먹으면 건강에 좋습니다.
(표현) 천천히 걷다, 천천히 하다 (반의) 빨리

290 축구
- soccer
- サッカー
- 足球
- bóng đá

(기출) 여자는 **축구**를 보기 전에 저녁을 먹을 겁니다. (91회 듣기 19번)
(추천) 저는 축구를 좋아해서 축구 동아리에 가입했어요.
(표현) 축구 경기, 축구 선수, 축구를 하다

291 축하하다
- celebrate, congratulate
- お祝いする
- 祝贺
- chúc mừng

(기출) 저는 친구의 결혼을 **축하해** 주고 싶습니다. (47회 읽기 70번)
(추천) 아버지는 나의 졸업을 축하해 주셨습니다.
(표현) 입학을 축하하다, 합격을 축하하다

292 학원
- private institute
- 塾, 教室
- 辅导班、培训班
- trung tâm

(기출) 요즘은 즐겁게 **학원**에 다니시고 가끔 가족 모임에서 손녀와 함께 연주도 하십니다. (52회 읽기 65번)

(추천) 저는 어릴 때부터 피아노 학원에 다녔어요.

(표현) 영어 학원, 태권도 학원

293 꽃집
- flower shop
- 花屋
- 花店
- tiệm hoa

(기출) **꽃집**은 일 층에 있습니다. (47회 읽기 41번)

(추천) 꽃집에서 장미꽃 한 송이를 샀습니다.

(표현) 꽃집 주인, 꽃집에 가다

(유의) 꽃가게

294 모자
- hat, cap
- 帽子
- 帽子
- mũ

(기출) 호수에 도착하면 **모자**를 기념품으로 줍니다. (96회 읽기 55번)

(추천) 저기 야구 모자를 쓴 사람이 제 남자 친구예요.

(표현) 예쁜 모자, 모자가 크다, 모자를 벗다

295 시계
- clock, watch
- 時計
- 钟表
- đồng hồ

(기출) **시계**가 고장 났는데 고칠 수 있을까요? (83회 듣기 23번)

(추천) 엄마는 저의 졸업 선물로 시계를 사 주셨어요.

(표현) 시계 소리, 패션 시계, 시계를 차다

Chapter 3

출제 3순위 어휘

The 3rd Most Frequently Tested Vocabulary

TOPIK I

296 가깝다
- close
- 近い
- 近
- gần

- 기출) 이번 여행은 **가까운** 곳으로 갈까요? (96회 듣기 24번)
- 추천) 집이 학교에서 가깝습니다.
- 표현) 가까운 곳, 가까운 위치
- 반의) 멀다

297 가끔
- sometimes
- 時々
- 偶尔、有时
- thỉnh thoảng

- 기출) 일어나는 것이 힘들어서 **가끔** 운동을 못 합니다. (35회 읽기 53번)
- 추천) 저는 가끔 도서관에 가서 책을 읽습니다.
- 표현) 가끔 먹다, 가끔 보다
- 유의) 간혹

298 가르치다
- teach
- 教える
- 教
- dạy

- 기출) 민수 씨는 학생을 **가르칩니다**. (47회 읽기 32번)
- 추천) 저는 고등학교에서 영어를 가르치고 있어요.
- 표현) 말을 가르치다, 열심히 가르치다
- 반의) 배우다

299 감사하다
- appreciate, think
- 感謝する
- 感谢
- cảm ơn

- 기출) 농구 대회에 참가 신청을 해 주셔서 **감사합니다**. (35회 읽기 63번)
- 추천) 도움을 주셔서 대단히 감사합니다.
- 표현) 감사하는 마음, 선생님께 감사하다
- 유의) 고맙다

300 같다
- same
- 同じだ
- 一样、相同
- giống

- 기출) 저와 여동생은 태어난 날이 **같습니다**. (36회 읽기 54번)
- 추천) 저는 그 친구하고 고향이 같아요.
- 표현) 같은 날, 같은 옷, 서로 같다
- 유의) 동일하다   반의) 다르다

301 건물
- building
- 建物
- 建築物
- tòa nhà

기출) 지금까지는 유명한 **건물** 그림이 있는 컵을 많이 샀습니다.
(91회 읽기 57번)

추천) 학교 뒤에 기숙사 건물을 짓고 있어요.

표현) 학교 건물, 건물을 짓다, 건물이 크다   **유의)** 빌딩

302 걷기
- walking
- 歩き
- 走路、步行
- đi bộ

기출) 이번 주 토요일에 인주공원에서 '느리게 **걷기**' 행사를 합니다.
(96회 읽기 55번)

추천) 매일 걷기 운동을 하면 건강이 좋아질 거예요.

표현) 걷기 훈련, 걷기와 달리기, 걷기를 하다

303 걸리다❶
- get (a cold)
- （病気に）罹る
- 得病、患
- bị

기출) 저는 감기에 **걸려서** 오늘 학교에 못 갔습니다.
(83회 읽기 53번)

추천) 병에 걸렸을 때는 잠을 충분히 자는 것이 중요해요.

표현) 독감에 걸리다, 목감기에 걸리다

304 걸리다❷
- take time
- かかる
- 花费、需要（时间）
- mất

기출) 버스로 한 시간쯤 **걸려요**.
(52회 듣기 23번)

추천) 지하철로 출근하면 시간이 얼마나 걸려요?

표현) 많이 걸리다, 오래 걸리다, 적게 걸리다

305 게임
- game
- ゲーム
- 游戏
- trò chơi

기출) 한번 컴퓨터 앞에 앉으면 밥도 안 먹고 **게임**을 할 때도 있었습니다.
(37회 읽기 59번)

추천) 오늘 야구 게임에서 어느 팀이 이길 것 같아요?

표현) 농구 게임, 스포츠 게임, 인터넷 게임

유의) 놀이, 시합

TOPIK I

306 계절
- season
- 季節
- 季节
- mùa

(기출) 아버지는 자주 **계절** 그림을 보내 줍니다.
(60회 읽기 70번)

(추천) 제가 제일 좋아하는 계절은 따뜻한 봄입니다.

(표현) 새로운 계절, 계절이 바뀌다

307 고양이
- cat
- 猫
- 猫
- mèo

(기출) 제가 아기 때부터 매일 안고 잔 **고양이** 인형을 선물로 드리기로 했습니다.
(83회 읽기 69번)

(추천) 엄마를 잃은 아기 고양이 한 마리를 집에 데리고 왔어요.

(표현) 고양이 소리, 고양이가 울다, 고양이를 키우다

308 과일
- fruit
- 果物
- 水果
- trái cây

(기출) 이 비누는 쌀이나 **과일** 같은 자연 재료로 만들어서 좋습니다.
(52회 읽기 53번)

(추천) 여름에는 시원한 과일 주스를 자주 마셔요.

(표현) 맛있는 과일, 신선한 과일, 과일이 달다

309 교실
- class, classroom
- 教室
- 班、教室
- lớp học

(기출) 어제 학생 식당에서 열리는 요리 **교실**에 갔는데 재미있었어요.
(96회 듣기 27번)

(추천) 요즘 어머니께서는 노래 교실에 다니세요.

(표현) 교실 청소, 학교 교실, 교실에서 공부하다

310 구경하다
- see, sightsee
- 見物する
- 观看
- tham quan, ngắm

(기출) 저는 제주도에서 바다를 **구경했습니다**. (41회 읽기 44번)

(추천) 저 산에 올라가면 경치를 구경할 수 있어요.

(표현) 경기를 구경하다, 물건을 구경하다

(유의) 보다, 감상하다

311 그것
- that
- それ
- 那个
- cái đó

(기출) 친구가 그것을 보고 기뻐하면 좋겠습니다. (47회 읽기 69번)
(추천) 그것을 입어 봐도 돼요?
(표현) 그것을 먹다, 그것을 사다
(유의) 그거

312 그러나
- but, however
- しかし
- 然而
- tuy nhiên

(기출) 그러나 우리 할머니는 제 목소리를 아주 좋아하십니다. (41회 읽기 53번)
(추천) 저는 여행을 가고 싶습니다. 그러나 시간이 없어서 갈 수 없습니다.
(유의) 하지만, 그렇지만

313 그러면
- if so, then
- それでは
- 那么
- vậy thì

(기출) 그러면 시간이 오래 걸리지 않아요? (41회 듣기 23번)
(추천) 한국에 오세요. 그러면 제가 안내해 줄게요.
(유의) 그럼

314 그렇게
- like that
- そのように, それほど, さほど
- 那样
- như vậy

(기출) 그렇게 하면 정리를 자주 해야 하니까 저는 더 힘든 것 같아요. (41회 듣기 23번)
(추천) 그렇게 술을 많이 마시면 건강이 나빠질 거예요.
(표현) 그렇게 말하다, 그렇게 전하다

315 그림책
- picture book
- 絵本
- 图画书
- sách tranh

(기출) 아이들이 좋아하는 그림책입니다. (36회 읽기 63번)
(추천) 아이는 생일 선물로 그림책을 받았어요.
(표현) 그림책 한 권, 그림책을 보다

TOPIK I

316 근처
- vicinity
- 近く
- 附近
- gần

(기출) 집 **근처**에 공원이 생기면 좋겠습니다. (36회 듣기 22번)
(추천) 우리 학교 근처에는 유명한 식당이 많아요.
(표현) 역 근처, 이 근처   (유의) 옆, 주변, 주위

317 글
- writing
- 文章
- 文章
- lời nhắn, bài viết

(기출) 서비스 센터에 전화했는데 안 받아서 여기에 **글**을 씁니다. (91회 읽기 63번)
(추천) 글을 잘 쓰고 싶으면 책을 많이 읽고 글을 많이 써 봐야 합니다.
(표현) 긴 글, 짧은 글, 좋은 글

318 기분
- mood, feelings
- 気分
- 心情
- tâm trạng

(기출) 음악을 들으면 **기분**이 좋습니다. (41회 읽기 48번)
(추천) 시험을 못 봐서 기분이 나쁩니다.
(표현) 무서운 기분, 우울한 기분, 기분이 들다   (유의) 감정, 느낌

319 김밥
- gimbap (Korean dish)
- キムパプ, キムパ (韓国料理)
- 紫菜包饭 (韩国料理)
- cơm cuộn (món ăn Hàn Quốc)

(기출) 여기 **김밥** 하나하고 라면 하나 주세요. (47회 듣기 7번)
(추천) 바빠서 밥 먹을 시간이 없는데 김밥을 사 먹을까요?
(표현) 김밥 가게, 참치 김밥, 치즈 김밥

320 김치
- kimchi (Korean dish)
- キムチ (韓国料理)
- 泡菜 (韩国饮食)
- Kim chi (món ăn Hàn Quốc)

(기출) 여러 **김치**를 먹어 볼 수 있어서 **김치** 축제에 사람이 많이 옵니다. (60회 읽기 45번)
(추천) 저는 따뜻한 밥하고 김치를 같이 먹는 것을 좋아해요.
(표현) 김치 냄새, 김치가 맵다, 김치를 담그다

321 깨끗하다
- clean
- きれいだ
- 干净
- sạch sẽ

기출 동네가 조용하고 공기도 **깨끗해서** 좋아요. (96회 듣기 22번)
추천 요리하기 전에 손을 깨끗하게 씻어야 합니다.
표현 깨끗한 거리, 깨끗한 음식, 깨끗하게 청소하다
유의 맑다, 깔끔하다　　**반의** 더럽다

322 꼭
- definitely, surely
- 必ず
- 一定
- nhất định

기출 저는 여행을 가면 기념품을 **꼭** 삽니다. (91회 읽기 57번)
추천 이번 회의는 사장님도 오시니까 꼭 참석해야 해요.
표현 꼭 지키다, 꼭 확인하다

323 끝나다
- finish, be over
- 終わる
- 结束
- kết thúc

기출 영화가 **끝났습니다**. (36회 읽기 37번)
추천 학생들은 수업이 끝나면 도서관에 가거나 집으로 돌아가요.
표현 끝나는 시간, 방학이 끝나다　　**반의** 시작되다, 시작하다

324 나
- I, me
- 私
- 我
- tôi

기출 아내와 **나**는 회사에 다니고 있습니다. (60회 읽기 60번)
추천 나는 동생과 생긴 건 비슷하지만 성격은 매우 달라요.
표현 나는, 나에게
유의 저

325 나가다
- go out
- 出る
- 出去
- ra ngoài

기출 매일 일찍 **나가는** 것 같아요. (37회 읽기 27번)
추천 조금 전에 동생이 제 방에서 나갔어요.
표현 나가는 문, 밖으로 나가다
반의 들어오다

TOPIK I

326 나라
- country, nation
- 国
- 国家
- đất nước

（기출） 저는 다른 **나라** 음식을 잘 못 만듭니다. (64회 읽기 43번)
（추천） 새로 온 학생은 어느 나라 사람이에요?
（표현） 나라 이름, 이웃 나라, 나라를 세우다
（유의） 국가

327 날
- day
- 日
- 天
- ngày

（기출） 청소하는 **날**에는 주차를 할 수 없습니다. (64회 읽기 63번)
（추천） 오늘은 사랑하는 언니의 결혼식 날이에요.
（표현） 마지막 날, 어린이날
（유의） 날짜

328 날씨
- weather
- 天気
- 天气
- thời tiết

（기출） 여기 **날씨**가 정말 좋아요. (83회 읽기 42번)
（추천） 가을이 되자 날씨가 많이 선선해졌습니다.
（표현） 겨울 날씨, 맑은 날씨, 시원한 날씨
（유의） 기상, 기후

329 날짜
- date
- 日付
- 日期
- ngày

（기출） 이번 주 모임 **날짜**가 금요일로 바뀌었는데 시간 괜찮아요? (36회 듣기 18번)
（추천） 약속 날짜를 언제로 정할까요?
（표현） 결혼 날짜, 회의 날짜, 날짜를 잡다　（유의） 날, 일자

330 남다
- remain, be left
- 残る
- 剩下
- còn lại

（기출） 우리가 음식을 너무 많이 주문한 것 같아요. 많이 **남았어요**. (41회 듣기 21번)
（추천） 회의 시간까지 두 시간이 남았습니다.
（표현） 남은 음식, 돈이 남다
（유의） 충분하다　（반의） 부족하다

331 내년
- next year
- 来年
- 明年
- năm sau

(기출) **내년**부터는 다른 회사에서 일할 겁니다. (83회 읽기 61번)
(추천) 내년 가을에 새로운 집으로 이사를 갈 거예요.
(표현) 내년 봄, 내년 여름
(반의) 작년

332 냉장고
- refrigerator
- 冷蔵庫
- 冰箱
- tủ lạnh

(기출) 저는 **냉장고**를 샀습니다.
(35회 읽기 45번)
(추천) 냉장고에 시원한 주스가 있어요.
(표현) 냉장고 문, 냉장고 안, 냉장고에 넣다

333 너무
- too
- 余り, ずいぶん, とても
- 太
- rất, quá

(기출) 저는 그 강아지가 **너무** 불쌍해 보였습니다. (64회 읽기 69번)
(추천) 너무 긴장하지 말고 시험 잘 보세요.
(표현) 너무 많다, 너무 힘들다
(유의) 매우, 아주

334 넣다
- put
- 入れる
- 加入
- cho vào

(기출) 전통 떡볶이에는 소고기를 **넣습니다**.
(36회 읽기 56번)
(추천) 어머니는 항상 밥에 콩을 넣으십니다.
(표현) 소금을 넣다, 설탕을 넣다

335 다
- all
- 全部
- 都
- tất cả

(기출) 가구 만드는 곳에 가면 **다** 가르쳐 줘요.
(37회 듣기 27번)
(추천) 오늘도 밥과 국을 다 먹었어요.
(표현) 다 닫다, 다 팔리다 (유의) 모두

TOPIK I

336 다니다
- go, attend (regularly)
- 通う
- 去、上
- đi lại, tham gia

(기출) 저는 피아노를 배우러 **다닙니다**.
(64회 읽기 60번)

(추천) 오빠는 지금 대학교에 다니고 있어요.

(표현) 병원에 다니다, 회사에 다니다

---

337 다른
- different, other
- 他の、ほかの、別の
- 別的
- khác

(기출) 이 축제에서 **다른** 나라의 만화를 볼 수 있습니다. (36회 읽기 66번)

(추천) 다른 가게에도 한번 가 보는 게 좋겠어요.

(표현) 다른 곳, 다른 식당

(유의) 딴

---

338 다리
- leg
- 足
- 腿
- chân

(기출) 오늘은 **다리**가 아파서 택시를 타고 출근했습니다.
(52회 읽기 45번)

(추천) 어제 다리를 다쳐서 걸을 때마다 불편해요.

(표현) 다리가 길다, 다리가 불편하다

---

339 다시
- again
- また、もう一度、再び
- 再、又
- lại

(기출) 물건을 안 버리고 **다시** 쓰는 게 좋습니다. (64회 듣기 24번)

(추천) 책이 어려워서 다시 읽으려고 해요.

(표현) 다시 가다, 다시 듣다

(유의) 또

---

340 닫다
- close
- 閉める、閉じる
- 关
- đóng

(기출) 그런데 저희가 삼십 분 뒤에 식당 문을 **닫습니다**. (96회 듣기 21번)

(추천) 추우니까 창문 좀 닫아 주세요.

(표현) 벌써 닫다, 일찍 닫다

(반의) 열다

341 **도서관**
- library
- 図書館
- 图书馆
- thư viện

(기출) 날마다 **도서관**에 가서 공부합니다. (35회 읽기 44번)
(추천) 저는 보통 학교 도서관에서 책을 빌립니다.
(표현) 대학 도서관, 도서관 건물, 중앙 도서관

342 **동생**
- younger brother, younger sister
- 弟, 妹
- 弟弟、妹妹
- em trai, em gái

(기출) 저는 어제 **동생**과 그 식당에 처음 갔습니다. (91회 읽기 61번)
(추천) 저는 동생보다 한 살이 많아요.
(표현) 사촌 동생, 어린 동생
(유의) 여동생, 남동생　(반의) 누나, 언니, 오빠, 형

343 **동전**
- coin
- 銅銭, コイン, 銅貨
- 硬币
- đồng xu

(기출) 지금은 **동전**과 지폐를 모두 사용합니다. (35회 읽기 61번)
(추천) 지폐를 주시면 동전으로 바꿔 드릴게요.
(표현) 동전 지갑, 백 원짜리 동전

344 **뒤**
- back
- 後ろ
- 后（面）
- phía sau

(기출) 이 신발은 앞과 **뒤**를 높게 만들었습니다. (37회 듣기 26번)
(추천) 저 뒤로 돌아서 가면 은행이 있을 거예요.
(표현) 뒤로 가다, 뒤를 보다, 뒤에 앉다
(반의) 앞

345 **드라마**
- drama
- ドラマ
- 电视剧
- phim truyền hình

(기출) 친구와 같이 **드라마**를 보려고 합니다. (37회 읽기 46번)
(추천) 이 드라마에 나오는 배우가 너무 멋있어요.
(표현) 인기 드라마, 한국 드라마

TOPIK I

346 **들어가다**
- enter, go into
- 入る
- 进入
- đi vào

(기출) 그 카페에 **들어가면** 옛날 분위기를 느낄 수 있습니다. (47회 읽기 67번)

(추천) 저는 학교 정문으로 들어갔습니다.

(표현) 들어가는 문, 방으로 들어가다 (반의) 나오다

---

347 **딸기**
- strawberry
- いちご
- 草莓
- dâu tây

(기출) 이 축제에서는 **딸기**로 여러 가지 음식을 만들어 볼 수 있습니다. (35회 읽기 58번)

(추천) 저는 과일 중에서 딸기를 제일 좋아해요.

(표현) 딸기 우유, 딸기 주스

---

348 **떡볶이**
- tteokbokki (Korean dish)
- トッポッキ（韓国料理）
- 辣炒年糕（韩国料理）
- tteokbokki (món ăn Hàn Quốc)

(기출) **떡볶이**는 종류가 많습니다. (36회 읽기 55번)

(추천) 저는 떡볶이를 좋아해서 자주 먹는 편이에요.

(표현) 떡볶이 일 인분, 떡볶이를 먹다

---

349 **또**
- again
- また
- 再、又
- lại, cũng

(기출) **또** 과일을 씻을 때도 밀가루를 사용하면 깨끗하게 씻을 수 있습니다. (96회 읽기 51번)

(추천) 어제 김치찌개를 먹었는데 오늘 또 먹어요?

(표현) 또 가다, 또 보다 (유의) 다시

---

350 **마음**
- mind, heart
- 心
- 心情、心灵、胸怀
- tâm hồn, trái tim

(기출) 저는 **마음**이 아프고 힘들 때 친구를 만납니다. (36회 읽기 45번)

(추천) 항상 부모님께 감사하는 마음으로 살고 있어요.

(표현) 따뜻한 마음, 마음이 넓다

351 만화
- comics, cartoon
- 漫画
- 漫画
- truyện tranh

기출 유명한 **만화** 영화도 즐길 수 있어서 특히 아이들이 좋아합니다. (83회 읽기 55번)
추천 저는 어릴 때부터 만화 그리는 것을 좋아했어요.
표현 만화 동아리, 만화를 보다, 만화를 읽다

352 말하다
- speak, talk
- 言う, 話す, 語る, 述べる
- 说
- nói

기출 저는 오후에 친구에게 숙제를 **말해** 줄 겁니다. (36회 읽기 47번)
추천 친구들에게 말하고 싶은 게 있었지만 그냥 조용히 있었어요.
표현 말한 내용, 생각을 말하다
유의 이야기하다

353 매일
- everyday
- 毎日
- 每天
- mỗi ngày

기출 **매일** 테니스를 치러 갑니다. (96회 읽기 46번)
추천 우리는 매일 같이 한국어를 공부합니다.
표현 매일 만나다, 매일 일하다
유의 맨날, 날마다

354 먼저
- first, earlier
- 先に, まず, 前もって
- 先
- trước

기출 저 **먼저** 갈게요. (91회 듣기 8번)
추천 집에 가면 먼저 손을 씻고 밥을 먹습니다.
표현 먼저 먹다, 먼저 자다
유의 우선 **반의** 다음

355 멀다
- far
- 遠い
- 远
- xa

기출 집이 좀 **멀지만** 근처에 산도 있고 공원도 있어서 좋아요. (52회 듣기 23번)
추천 회사가 집에서 멀어서 회사 근처로 이사하고 싶어요.
표현 먼 곳, 먼 나라
반의 가깝다

TOPIK I

356 모두
- all
- みんな、全部
- 全部
- tất cả

기출 한국어와 영어를 **모두** 잘합니다. (41회 읽기 43번)
추천 주말에 우리 반 친구들 모두 같이 놀러 갑니다.
표현 가족 모두, 모두 함께 **유의** 다, 전부

---

357 모양
- shape, form, figure
- 形
- 形状、型
- hình dạng

기출 이 식당에는 여러 **모양**의 멋있는 가구들이 있습니다. (91회 읽기 61번)
추천 이런 모양의 가방을 사고 싶은데 어디에서 팔까요?
표현 머리 모양, 얼굴 모양

---

358 모으다
- collect, save
- 集める、合わせる、貯める
- 收集、聚集、积攒
- thu thập

기출 저는 책상 정리나 서류 정리를 한번에 **모아서** 해요. (41회 듣기 23번)
추천 힘을 모아서 어려운 사람들을 도와줬습니다.
표현 모은 돈, 돈을 모으다, 학생들을 모으다

---

359 목소리
- voice
- 声
- 声音
- giọng nói

기출 우리 할머니는 제 **목소리**를 아주 좋아하십니다. (41회 읽기 54번)
추천 그 여자의 목소리는 정말 아름답습니다.
표현 좋은 목소리, 친절한 목소리, 목소리가 부드럽다
유의 음성

---

360 무료
- free
- 無料
- 免费
- miễn phí

기출 올해는 장미 색깔인 빨간색 옷을 입고 가면 **무료**로 들어갈 수 있어요. (41회 듣기 18번)
추천 이 미술관은 무료로 구경할 수 있어서 항상 사람이 많습니다.
표현 무료 상담, 무료 입장, 무료로 이용하다
유의 공짜 **반의** 유료

361 무슨
- which, what kind of
- 何の
- 什么
- gì, nào

기출 수미 씨는 요즘 **무슨** 운동하세요?
(60회 듣기 27번)

추천 요즘 무슨 음악을 자주 들어요?

표현 무슨 요일, 무슨 음식

362 문
- door
- ドア
- 门
- cửa

기출 **문** 좀 열어 주시겠어요?
(36회 듣기 15번)

추천 이 가게는 매일 오전 열 시에 문을 열어요.

표현 가게 문, 교실 문, 식당 문

363 물
- water
- 水
- 水
- nước

기출 **물**을 많이 마시는 것도 도움이 됩니다.
(83회 읽기 67번)

추천 날씨가 추워서 따뜻한 물을 마셨어요.

표현 깨끗한 물, 시원한 물

364 물어보다
- ask
- 聞く
- 问
- hỏi

기출 가기 전에 궁금한 거 있으면 **물어보세요**.
(64회 듣기 27번)

추천 공부할 때 모르는 것이 있으면 친구에게 물어봅니다.

표현 길을 물어보다, 방법을 물어보다, 자세히 물어보다

365 미안하다
- sorry
- 済まない、申し訳ない
- 愧疚、对不起
- xin lỗi

기출 늦어서 **미안해요**. (60회 듣기 16번)

추천 제가 친구에게 거짓말을 해서 너무 미안해요.

표현 미안한 마음, 미안하게 생각하다

유의 죄송하다, 미안스럽다, 죄송스럽다

TOPIK I

366 바쁘다
- busy
- 忙しい
- 忙
- bận

(기출) 수미 씨는 오늘 **바빴습니다**.
(91회 읽기 42번)
(추천) 오늘은 일이 많아서 좀 바쁘네요.
(표현) 바쁜 생활, 바쁜 하루

367 밖
- outside
- 外
- 外面
- bên ngoài

(기출) 저는 요즘 **밖**에 나갈 때 그 모자를 자주 씁니다. (91회 읽기 47번)
(추천) 지금 자리를 준비하고 있으니까 밖에서 조금만 기다려 주세요.
(표현) 교실 밖, 학교 밖
(반의) 안

368 바지
- pants
- ズボン, パンツ
- 裤子
- quần

(기출) 이 **바지** 입어 볼 수 있어요?
(41회 듣기 8번)
(추천) 추운 겨울에는 치마보다 바지를 입으면 더 따뜻해요.
(표현) 긴 바지, 짧은 바지

369 배❶
- stomach
- 腹
- 肚子
- bụng

(기출) 인삼차는 **배**가 아플 때 마시면 도움이 됩니다. (91회 읽기 55번)
(추천) 살이 쪄서 배가 많이 나왔어요.
(표현) 배가 고프다, 배가 뚱뚱하다
(유의) 복부

370 배❷
- ship, boat
- 船
- 船
- tàu

(기출) 저는 **배**를 타고 제주도에 갔습니다. (41회 읽기 44번)
(추천) 오늘 바람이 많이 불어서 배를 탈 수 없습니다.
(표현) 배에 오르다, 배에서 내리다
(유의) 선박

371 배❸
- pear
- 梨
- 梨
- quả lê

기출 사과가 있습니다. 그리고 **배**도 있습니다.
(64회 읽기 보기)

추천 저는 과일 중에서 배를 제일 좋아합니다.

표현 둥근 배, 배가 달다, 배를 먹다

---

372 버리다
- throw away, waste
- 捨てる
- 扔掉
- vứt bỏ

기출 이 물건들 **버리시는** 거예요?
(37회 듣기 19번)

추천 다 읽은 책은 버리지 않고 다른 사람에게 줬어요.

표현 버릴 것, 쓰레기를 버리다, 아무데나 버리다

---

373 보이다
- show, be in sights, look
- 見える
- (被) 看见、显示
- trông thấy, nhìn thấy

기출 어린이는 키가 작아서 운전할 때 잘 **보이지** 않습니다.
(60회 읽기 58번)

추천 창밖으로 보이는 경치가 정말 아름다워요.

표현 산이 보이다, 야경이 보이다

---

374 복잡하다
- complicated, crowded
- 複雑だ、混雑している
- 复杂、拥挤
- phức tạp

기출 길이 좀 **복잡하기는** 하겠지만 어쩔 수 없죠. (36회 듣기 24번)

추천 저는 사람이 많은 복잡한 곳에 가고 싶지 않아요.

표현 복잡한 길, 거리가 복잡하다

유의 혼잡하다

---

375 부산
- Busan
- 釜山
- 釜山
- Busan

기출 **부산**에서 고등학생 때까지 살았어요.
(91회 듣기 14번)

추천 부산에 가면 넓은 바다를 볼 수 있습니다.

표현 부산 여행, 부산으로 가다

TOPIK I

376 부탁하다
- ask a favor
- 頼む
- 请求
- nhờ vả

(기출) 외국에 사는 친구들한테 **부탁해서** 받은 거예요. (52회 듣기 21번)
(추천) 친구가 저에게 부탁한 것을 잊어버렸어요.
(표현) 부탁한 일, 도와달라고 부탁하다
(유의) 말하다, 주문하다

377 분❷
- minute
- 分
- 分钟
- phút

(기출) 저희가 삼십 **분** 뒤에 식당 문을 닫습니다. (96회 듣기 21번)
(추천) 두 시 이십 분에 영화가 끝납니다.
(표현) 일 분, 십 분, 삼십 분

378 불고기
- bulgogi (Korean dish)
- プルコギ（韓国料理）
- 烤肉（韩国料理）
- thịt xào (món ăn Hàn Quốc)

(기출) 오늘 저녁은 집 근처 식당에서 **불고기**를 먹을 겁니다. (83회 읽기 43번)
(추천) 저는 한국 음식 중에서 불고기를 가장 좋아합니다.
(표현) 불고기 맛, 불고기 일 인분

379 비
- rain
- 雨
- 雨
- mưa

(기출) 오늘은 **비**가 옵니다. (96회 읽기 33번)
(추천) 한국은 여름에 비가 많이 내립니다.
(표현) 비 소식, 비가 그치다, 비를 피하다

380 빌리다
- borrow, rent
- 借りる
- 借
- mượn

(기출) 지난 번에 **빌린** 책을 못 가져왔어요. (37회 듣기 17번)
(추천) 공원에서 자전거를 빌려서 탈 수 있어요.
(표현) 돈을 빌리다, 잠깐 빌리다

381 사용하다
- use, apply
- 使用する, 使う
- 使用
- sử dụng

(기출) 안내 방송을 처음 할 때부터 음악을 **사용했습니다**. (96회 읽기 68번)
(추천) 이 비누를 사용하고 나서 피부가 좋아졌어요.
(표현) 사용하는 방법, 컴퓨터를 사용하다
(유의) 쓰다, 이용하다

382 사전
- dictionary
- 辞書
- 词典, 字典
- từ điển

(기출) **사전**은 어디에 있어요? (47회 듣기 10번)
(추천) 서점에서 한국어 사전을 샀습니다.
(표현) 외국어 사전, 사전을 찾다

383 사진관
- photo studio
- 写真館
- 照相馆
- studio chụp ảnh, tiệm ảnh

(기출) 저는 지난 주말에 아주 특별한 **사진관**에 갔습니다. (37회 읽기 69번)
(추천) 가족들과 사진관에 가서 사진을 찍었어요.
(표현) 사진관 위치, 사진관에 다녀오다

384 산책
- walk, stroll
- 散步
- 散步
- đi dạo

(기출) 강아지와 함께 놀고 같이 **산책**도 하면서 시간을 보내게 되었습니다. (37회 읽기 59번)
(추천) 기분이 안 좋을 때는 산책을 하러 공원에 갑니다.
(표현) 가벼운 산책, 산책을 나가다, 산책을 다녀오다

385 살
- year(s) old
- 歳
- 岁
- tuổi

(기출) 동생은 몇 **살**이에요? (41회 듣기 13번)
(추천) 저는 올해 스무 살이 되었습니다.
(표현) 한 살, 두 살, 세 살

TOPIK I

386 살다
- live
- 住む
- 住
- sống

기출 교통이 편한 곳에서 **살고** 싶습니다. (96회 듣기 22번)
추천 우리 가족은 모두 서울에 살고 있어요.
표현 사는 곳, 사는 지역, 혼자 살다
유의 거주하다

387 새롭다
- new
- 新しい
- 新
- mới

기출 **새로운** 걸 배워 보는 것도 좋겠네요. (36회 듣기 27번)
추천 지난주부터 새로운 운동을 배우기 시작했어요.
표현 새로운 물건, 새로운 영화, 새로운 취미

388 색깔
- color
- 色
- 颜色
- màu sắc

기출 이 가방은 **색깔**이 한 가지입니다. (35회 듣기 24번)
추천 저는 이 색깔이 마음에 들어요.
표현 밝은 색깔, 어두운 색깔
유의 색, 색상

389 생각하다
- think
- 考える
- 想
- suy nghĩ

기출 **생각해** 보면 버리지 않고 다시 쓸 수 있는 게 많아요. (64회 듣기 24번)
추천 어릴 때 친구들을 생각하면 다시 그때로 돌아가고 싶어져요.
표현 건강을 생각하다, 어떻게 생각하다

390 생활
- life
- 生活
- 生活
- cuộc sống

기출 레몬은 이렇게 우리 **생활**에서 다양하게 사용됩니다. (47회 읽기 51번)
추천 이제 한국 생활에 좀 익숙해졌어요.
표현 직장 생활, 학교 생활, 생활이 어렵다

391 서울
- Seoul
- ソウル
- 首尔
- Seoul

(기출) 서울 구경을 할 때는 주로 지하철을 탑니다.
(36회 읽기 57번)

(추천) 서울은 교통이 편리해서 살기가 좋아요.

(표현) 서울 사람, 서울 여행

---

392 선물
- gift, present
- プレゼント, 贈り物
- 礼物
- quà tặng

(기출) 어머니 선물을 좀 사려고 하는데요.
(60회 듣기 18번)

(추천) 저는 친구에게 줄 선물을 준비했어요.

(표현) 생일 선물, 축하 선물, 선물을 하다

---

393 선생님
- teacher
- 先生
- 老师
- giáo viên

(기출) 저는 유치원 선생님입니다. (83회 읽기 49번)

(추천) 저는 모르는 것을 선생님께 물어봅니다.

(표현) 음악 선생님, 한국어 선생님   (유의) 교사

---

394 소개하다
- introduce, present
- 紹介する
- 介绍
- giới thiệu

(기출) 이번에는 한국의 아름다운 장소를 소개하는 책을 써 보려고요.
(60회 듣기 29번)

(추천) 저는 부모님께 제 남자 친구를 소개해 드렸어요.

(표현) 문화를 소개하다, 자세히 소개하다

(유의) 설명하다, 안내하다

---

395 수업
- class, lesson
- 授業
- 课程
- lớp học

(기출) 친구가 다리가 아파서 수업에 못 왔습니다.
(36회 읽기 47번)

(추천) 저는 요즘 한국어 수업을 듣고 있어요.

(표현) 수업 시간, 영어 수업, 수업에 가다

Chapter 3 출제 3순위 어휘

TOPIK I

396 숙제
- homework
- 宿題
- 作业
- bài tập về nhà

기출 저는 친구 집에서 **숙제**를 할 겁니다. (36회 읽기 47번)
추천 오늘은 숙제가 좀 많아서 시간이 없어요.
표현 숙제 검사, 숙제가 없다, 숙제를 내다   **유의** 과제

397 쉬다
- rest
- 休む
- 休息
- nghỉ ngơi

기출 일요일은 **쉽니다**. (47회 읽기 40번)
추천 이번 주말에는 집에서 푹 쉴 거예요.
표현 쉬는 날, 쉬는 시간, 잠시 쉬다
유의 휴식하다   **반의** 일하다

398 식혜
- sikhye (Korean tra-ditional beverage)
- シッケ（韓国伝統の甘い米飲料）
- 食醯（韩国传统甜米饮）
- sikhye (đồ uống truyền thống Hàn Quốc)

기출 **식혜**는 달고 맛있어서 많은 사람들이 좋아합니다. (35회 읽기 65번)
추천 식혜는 한국의 전통 음료인데 시원하고 맛있어요.
표현 식혜 한 잔, 식혜를 마시다

399 신청하다
- apply, register
- 申し込む
- 申请
- đăng ký

기출 요즘은 주말에도 여권을 **신청할** 수 있는 곳이 있어요. (35회 듣기 21번)
추천 한국어 말하기 대회에 참가하려고 사무실에 신청했어요.
표현 신청하는 방법, 가입을 신청하다   **유의** 등록하다

400 싫어하다
- dislike
- 嫌う
- 不喜欢
- ghét

기출 아이가 책 읽는 걸 **싫어하면** 만화책부터 보여 주는 건 어떨까요? (41회 듣기 29번)
추천 저는 추운 날씨를 싫어해서 겨울에는 항상 집에만 있어요.
표현 싫어하는 것, 싫어하는 음식

401 십
- ten
- じゅう
- 十
- mười

기출 수미 씨는 **십** 분 후에 출발할 겁니다.
(91회 읽기 42번)

추천 우리는 지난 유월 십일에 결혼했어요.

표현 일, 이, 삼, 사, 오, 육, 칠, 팔, 구, 십

402 쓰다❶
- use
- 使う
- 用
- sử dụng

기출 요즘은 이렇게 다양한 방법을 **씁니다**. (64회 읽기 51번)

추천 휴대폰을 써서 모르는 단어의 뜻을 찾습니다.

표현 기계를 쓰다, 컴퓨터를 쓰다

유의 사용하다

403 쓰다❷
- wear (a hat, glasses, a mask, etc.)
- かぶる, 掛ける
- 戴
- mặc

기출 운동을 할 때는 가벼운 안경을 **씁니다**. (35회 읽기 55번)

추천 날씨가 추우니까 따뜻한 모자를 쓰세요.

표현 쓰는 방법, 머리에 쓰다

반의 벗다

404 쓰다❸
- write
- 書く
- 写
- viết

기출 그 이야기들을 모아서 책으로 **썼습니다**. (96회 듣기 29번)

추천 아이가 글씨를 예쁘게 쓰네요.

표현 이름을 쓰다, 편지를 쓰다

유의 적다

405 씻다
- wash
- 洗う
- 洗
- rửa

기출 손님이 마시고 싶은 차를 준비해서 마시고 컵도 직접 **씻습니다**.
(36회 읽기 49번)

추천 나갔다 들어오면 손을 깨끗하게 씻어야 합니다.

표현 얼굴을 씻다, 깨끗이 씻다

TOPIK I

406 아름답다
- beautiful
- 美しい
- 美丽
- đẹp

기출 여행하면서 **아름다운** 풍경을 볼 때마다 사진을 찍었습니다.
(96회 읽기 57번)

추천 여자 친구는 다른 사람을 항상 도와주는 마음이 아름다운 사람이에요.

표현 아름다운 경치, 아름다운 모습, 아름다운 목소리

407 안내
- introduction, guidance
- 案内
- 指引
- hướng dẫn

기출 한강 축제에 오신 여러분께 **안내** 말씀드립니다.
(96회 듣기 25번)

추천 친구의 안내를 받으면서 편안하게 여행을 했다.

표현 관광 안내, 안내 방송, 안내를 하다

408 안녕하다
- be peaceful, "hello"
- 元気だ, "こんにちは"
- 安宁, "你好"
- xin chào, bình an

기출 학생 여러분, **안녕하세요**?
(47회 읽기 63번)

추천 새해에는 모든 일이 안녕하길 바랍니다.

표현 안녕하십니까?

409 앉다
- sit
- 座る
- 坐
- ngồi

기출 여기 **앉으세요**. (41회 듣기 29번)

추천 아이가 컴퓨터 앞에 앉아서 게임을 하고 있어요.

표현 의자에 앉다, 편하게 앉다

반의 서다

410 알다
- know
- 知る
- 知道, 懂, 认识
- biết

기출 노래를 **알아요**. (41회 듣기 2번)

추천 그 문제의 답을 알면 좀 가르쳐 주세요.

표현 아는 사람, 길을 알다, 한국어를 알다

반의 모르다

411 약속
- promise, appointment
- 約束
- 约定
- lời hứa

(기출) 학교 앞에서 **약속**이 있습니다.
(41회 읽기 38번)

(추천) 친구가 약속을 안 지켜서 화가 납니다.

(표현) 약속 시간, 약속 장소

---

412 어린이
- child
- 子供
- 儿童
- trẻ em

(기출) **어린이**가 갈 수 있습니다.
(37회 읽기 40번)

(추천) 사람이 많은 곳에서는 어린이를 잃어버리지 않게 조심하세요.

(표현) 어린이 노래, 어린이 만화

(유의) 애, 아이, 어린애, 어린아이

---

413 얼굴
- face
- 顔
- 脸
- khuôn mặt

(기출) 처음엔 산을 많이 그렸는데 요즘은 사람들의 **얼굴**을 그리고 있어요.
(64회 듣기 29번)

(추천) 그 가수는 노래도 잘하고 얼굴도 잘생겨서 인기가 많아요.

(표현) 예쁜 얼굴, 하얀 얼굴, 얼굴이 크다

---

414 여권
- passport
- パスポート
- 护照
- hộ chiếu

(기출) **여권** 만들 거예요.
(41회 읽기 10번)

(추천) 해외여행을 가려면 여권이 꼭 필요해요.

(표현) 여권을 신청하다, 여권을 잃어버리다

---

415 여러
- several, many
- 色々
- 各种
- nhiều

(기출) 이 축제에서는 세계 **여러** 나라의 꽃을 볼 수 있습니다.
(83회 읽기 51번)

(추천) 집 앞에 있는 마트에서 여러 가지 음식 재료를 샀어요.

(표현) 여러 개, 여러 곳

TOPIK I

416 여행사
- travel agency
- 旅行会社
- 旅行社
- công ty du lịch

(기출) 저는 **여행사**에서 일합니다.
(83회 읽기 62번)

(추천) 제주도 여행 상품을 찾기 위해 여행사 홈페이지를 방문했습니다.

(표현) 여행사 직원, 여행사 할인

---

417 연극
- play, theater
- 演劇
- 戏剧
- kịch

(기출) 저는 그 동아리에 들어가서 다양한 **연극** 공연을 했습니다.
(96회 읽기 59번)

(추천) 연극을 보러 시내에 있는 극장에 갔어요.

(표현) 연극배우, 연극 공연장

---

418 열다
- open
- 開ける
- 开
- mở

(기출) 월요일에 문을 **엽니다**. (37회 읽기 40번)

(추천) 방이 좀 더우니까 창문을 열어 주세요.

(표현) 가방을 열다, 서랍을 열다

(반의) 닫다

---

419 열심히
- hard, diligently
- 熱心に, 一生懸命
- 努力
- chăm chỉ

(기출) 사람들의 박수 소리를 들으면 기분이 좋아져서 더 **열심히** 춤을 춥니다.
(36회 읽기 59번)

(추천) 수업 시간에 열심히 공부하면 시험을 잘 볼 수 있어요.

(표현) 열심히 살다, 열심히 일하다

---

420 영어
- English
- 英語
- 英语
- tiếng Anh

(기출) 우리 회사의 **영어** 수업이 다음과 같이 열립니다.
(83회 읽기 63번)

(추천) 이분은 우리 학교 영어 선생님이세요.

(표현) 영어 공부, 영어 학원, 영어로 말하다

421 **옆**
- side
- 横
- 旁边
- bên cạnh

(기출) 카페 **옆**에 화장실이 있습니다. (91회 읽기 41번)
(추천) 제 옆에 있는 사람이 바로 민수 씨예요.
(표현) 도로 옆, 옆 사람
(유의) 옆쪽

---

422 **예쁘다**
- pretty
- 美しい
- 漂亮
- đẹp

(기출) 치마가 정말 **예뻐요**. (36회 듣기 11번)
(추천) 제 여자 친구는 얼굴도 예쁘고 성격도 좋아요.
(표현) 예쁜 아이, 예쁜 여자

---

423 **옛날**
- past, ancient times
- 昔
- 古、以前
- ngày xưa

(기출) 한국의 **옛날** 그림은 몇 층에 있어요? (37회 듣기 8번)
(추천) 옛날에는 휴대 전화가 없어서 정말 불편했을 것 같아요.
(표현) 옛날 물건, 옛날 사람
(유의) 예전

---

424 **오전**
- morning, a.m.
- 午前
- 上午
- buổi sáng

(기출) 이 마트는 매일 **오전** 열 시에 시작합니다. (91회 듣기 26번)
(추천) 오늘 오전에만 수업이 있어서 일찍 집에 갔습니다.
(표현) 오전 시간, 오전이 되다
(반의) 오후

---

425 **오후**
- afternoon, p.m.
- 午後
- 下午
- buổi chiều

(기출) **오후** 4시에 시작해서 6시까지 합니다. (37회 읽기 63번)
(추천) 오늘 오후에는 고향 친구를 만나려고 해요.
(표현) 오후 시간, 평일 오후
(반의) 오전

TOPIK I

426 옷장
- wardrobe, closet
- たんす, クローゼット
- 衣柜
- tủ quần áo

기출 옷장은 30% 할인합니다.
(47회 읽기 42번)

추천 옷이 너무 많아서 큰 옷장을 샀어요.

표현 옷장에 걸다, 옷장에 넣다

---

427 외국인
- foreigner, alien
- 外国人
- 外国人
- người nước ngoài

기출 찰리 씨는 서울에 사는 **외국인**입니다. (36회 읽기 57번)

추천 이곳은 외국인이 여행하기 좋아요.

표현 외국인 선수, 외국인 학생, 외국인 회사

반의 내국인

---

428 원
- won
- ウォン
- 韩元
- won

기출 만 **원**을 더 내셔야 하는데 괜찮으시겠어요?
(37회 듣기 21번)

추천 사과 한 개에 천 원이에요.

표현 백 원, 천 원, 만 원, 오만 원

---

429 월
- month
- 月
- 月
- tháng

기출 7월에는 김치 축제가 있습니다.
(60회 읽기 45번)

추천 오늘은 몇 월 며칠입니까?

표현 일월, 이월, 삼월, 사월, 오월, 유월, 칠월, 팔월, 구월, 시월, 십일월, 십이월

---

430 음악
- music
- 音楽
- 音乐
- âm nhạc

기출 저는 **음악** 듣는 것이 즐겁습니다.
(41회 읽기 48번)

추천 언니는 음악을 공부하러 유학을 떠났습니다.

표현 음악 수업, 음악 시간

431 이곳
- here
- ここ
- 这里
- nơi này

기출 저는 아버지와 **이곳**에서 살고 싶습니다. (60회 읽기 70번)
추천 이곳은 공기가 좋고 조용해서 좋아요.
표현 이곳 날씨, 이곳 생활
유의 여기 **반의** 저곳

432 이사
- house-moving, removal
- 引っ越し
- 搬家
- chuyển nhà

기출 친구가 도와줘서 **이사**가 금방 끝났습니다. (47회 읽기 43번)
추천 저는 다음 주에 새로운 집으로 이사를 가려고 합니다.
표현 이사 준비, 이사를 하다

433 이야기
- story, talk
- 話
- 话
- câu chuyện

기출 텔레비전 때문에 가족 **이야기**를 못 듣습니다. (60회 읽기 60번)
추천 그 친구가 해 주는 이야기는 항상 재미있어요.
표현 무서운 이야기, 이야기를 나누다

434 이야기하다
- tell, talk
- 話す
- 谈话
- nói chuyện

기출 친구를 만나서 제 생각을 친구에게 **이야기합니다**. (36회 읽기 45번)
추천 저는 그 친구와 한국어로 이야기해요.
표현 이야기하는 사람, 서로 이야기하다

435 인기
- popularity
- 人気
- 人气
- sự nổi tiếng

기출 작가님의 책이 외국인들에게 **인기**가 많습니다. (60회 듣기 29번)
추천 이 운동화는 요즘 인기가 있어서 잘 팔려요.
표현 인기 배우, 인기 상품

TOPIK I

436 인사
- greetings
- 挨拶
- 打招呼、问好
- lời chào

(기출) 유명한 작가와 **인사**를 나누는 프로그램도 있습니다. (91회 읽기 65번)

(추천) 우리는 할아버지께 인사를 드리고 자리에 앉았어요.

(표현) 감사 인사, 축하 인사

---

437 일어나다
- get up
- 起きる
- 起（床）
- thức dậy

(기출) 아침에 일찍 **일어나는** 것은 싫지만 운동을 할 수 있어서 좋습니다. (83회 읽기 59번)

(추천) 오늘은 피곤해서 늦게 일어났습니다.

(표현) 일어나는 시간, 침대에서 일어나다 (반의) 눕다

---

438 일찍
- early
- 早く
- 早
- sớm

(기출) 회사가 끝나면 집에 **일찍** 가서 음식을 준비할 겁니다. (36회 읽기 44번)

(추천) 오늘은 어제보다 일찍 끝났네요.

(표현) 아침 일찍, 일찍 자다

(유의) 일찍이 (반의) 늦게

---

439 읽다
- read
- 読む
- 读
- đọc

(기출) 요즘 저희 아이가 책을 잘 안 **읽어요**. (41회 듣기 29번)

(추천) 아버지는 신문 읽는 것을 좋아하세요.

(표현) 글을 읽다, 편지를 읽다

(유의) 보다

---

440 자기
- oneself
- 自分
- 自己
- bản thân

(기출) 새로 나온 책을 구경할 수도 있고 **자기**가 읽은 책을 다른 사람에게 싸게 팔 수도 있습니다. (91회 읽기 65번)

(추천) 동생은 밖으로 나가지 않고 자기 방에만 있으려고 합니다.

(표현) 자기 방, 자기 일, 자기 자신

441 자전거
- bicycle
- 自転車
- 自行车
- xe đạp

(기출) 저는 **자전거**가 있지만 잘 못 탑니다. (91회 읽기 45번)

(추천) 저는 보통 자전거를 타고 학교에 가요.

(표현) 자전거 한 대, 자전거로 가다

442 장소
- place
- 場所
- 场所
- địa điểm

(기출) 노래 대회가 끝나면 같은 **장소**에서 무료 축하 공연도 열릴 예정입니다. (96회 듣기 25번)

(추천) 오늘 약속 장소가 어디예요?

(표현) 모임 장소, 여행 장소   (유의) 곳, 위치

443 재미없다
- not interesting
- 面白くない
- 没意思
- chán

(기출) 일이 **재미없으면** 그 일을 오래 하기 힘듭니다. (41회 읽기 47번)

(추천) 이 책은 어렵지 않지만 재미없어서 읽기 힘들어요.

(표현) 재미없는 사람, 재미없는 이야기, 영화가 재미없다

(반의) 재미있다

444 전화하다
- call
- 電話する
- 打电话
- gọi điện

(기출) 저는 서비스 센터에 **전화한** 적이 없습니다. (91회 읽기 64번)

(추천) 친구에게 전화해서 약속 시간을 정했어요.

(표현) 자주 전화하다, 회사에 전화하다

445 정말
- really
- 本当に
- 真
- thật sự

(기출) 오늘 영화 **정말** 재미있었지요? (36회 듣기 23번)

(추천) 그 식당은 음식이 정말 맛있으니까 꼭 가 보세요.

(표현) 정말 멋있다, 정말 아프다

(유의) 진짜, 정말로

TOPIK I

446 제일
- best, most
- 一番
- 最
- nhất

(기출) 사람들이 오이 김치를 **제일** 좋아합니다. (60회 읽기 45번)
(추천) 가족 중에서 제가 제일 일찍 일어나고 부지런합니다.
(표현) 제일 잘하다, 제일 좋아하다
(유의) 가장, 첫째, 최고

447 제주도
- Jeju Island
- 済州島
- 济州岛
- Đảo Jeju

(기출) 저는 친구와 비행기로 **제주도**에 갔습니다. (41회 읽기 44번)
(추천) 제주도에서 수영도 하고 해산물도 먹었어요.
(표현) 제주도 여행, 제주도 음식

448 조금
- a little
- 少し
- 稍微
- một chút

(기출) **조금** 전에 다 했습니다. (60회 듣기 20번)
(추천) 저는 조금 전에 뉴스를 보고 깜짝 놀랐습니다.
(표현) 조금 뒤, 조금 후
(유의) 약간, 잠시

449 조용하다
- quiet
- 静かだ
- 安静
- yên tĩnh

(기출) 어머니는 제가 울면 **조용한** 노래를 불러 주셨습니다. (47회 읽기 65회)
(추천) 우리 동네는 너무 시끄러워서 조용한 곳으로 이사하고 싶어요.
(표현) 조용한 교실, 집이 조용하다
(반의) 시끄럽다

450 졸업하다
- graduate
- 卒業する
- 毕业
- tốt nghiệp

(기출) 남자는 작년에 학교를 **졸업했습니다**. (47회 듣기 20번)
(추천) 저는 고등학교를 졸업한 후에 회사에 취업했습니다.
(표현) 졸업한 학교, 졸업한 학생
(반의) 입학하다

451 좋아지다
- get better, feel good
- 良くなる
- 变好
- trở nên tốt

기출 예쁜 꽃을 보면 기분이 **좋아져서** 자주 사요. (83회 듣기 27번)
추천 이곳에서의 생활이 좋아져서 떠나고 싶지 않아요.
표현 건강이 좋아지다, 날씨가 좋아지다
반의 나빠지다

452 죄송하다
- sorry
- 申し訳ない
- 对不起
- xin lỗi

기출 **죄송해요**, 선생님. 연습을 많이 못했어요. (47회 듣기 29번)
추천 이렇게 많이 늦어서 죄송합니다.
표현 죄송한 마음, 죄송하게 생각하다
유의 미안하다

453 주소
- address
- 住所
- 地址
- địa chỉ

기출 주소
(52회 읽기 11번)
추천 소포를 보내고 싶은데 주소를 좀 알려 주세요.
표현 이메일 주소, 주소를 쓰다

454 준비
- preparation
- 準備
- 准备
- sự chuẩn bị

기출 그 사진관에는 사진을 찍기 위한 모든 **준비**가 다 되어 있었습니다.
(37회 읽기 69번)
추천 시험 준비 때문에 잠을 거의 못 잤습니다.
표현 발표 준비, 회의 준비, 준비를 하다

455 중요하다
- important
- 重要だ
- 重要
- quan trọng

기출 노트북은 디자인이 **중요합니다**.
(96회 듣기 23번)
추천 저에게 제일 중요한 것은 가족입니다.
표현 중요한 말, 중요한 일, 중요하게 생각하다

TOPIK I

456 즐겁다
- joyful, pleasant
- 楽しい
- 快乐、开心
- vui vẻ

(기출) 운동을 하면 **즐겁습니다**.
(35회 읽기 53번)

(추천) 그 친구를 만나면 항상 즐겁고 기분이 좋아요.

(표현) 즐거운 마음, 즐거운 생활

---

457 지난주
- last week
- 先週
- 上周
- tuần trước

(기출) 저는 **지난주** 수요일에 이 인터넷 쇼핑몰에서 구두를 주문했습니다.
(60회 읽기 63번)

(추천) 지난주에 방학이 시작돼서 오늘부터 학교에 안 갑니다.

(표현) 지난주 수업, 지난주 주말 (유의) 전주 (반의) 다음 주

---

458 직원
- employee
- 職員
- 职员
- nhân viên

(기출) 남자는 내일 **직원**과 통화할 겁니다. (52회 읽기 28번)

(추천) 우리 회사는 능력 있는 직원을 찾고 있습니다.

(표현) 가게 직원, 회사 직원

(유의) 점원 (반의) 사장

---

459 직접
- directly, in person
- 直接
- 直接、自己、亲自
- trực tiếp

(기출) 저는 여행할 때 **직접** 운전을 합니다.
(52회 읽기 50번)

(추천) 이 음식은 제가 직접 만들었는데 맛이 어때요?

(표현) 직접 가다, 직접 오다

---

460 짧다
- short
- 短い
- 短
- ngắn

(기출) 요즘 **짧은** 치마가 유행입니다. (47회 읽기 47번)

(추천) 제니는 긴 머리를 남자처럼 짧게 잘랐어요.

(표현) 짧은 머리, 짧은 바지

(반의) 길다

461 쯤
- about, around
- ほど、ぐらい、ごろ
- 大约、左右
- khoảng, tầm

기출 그때는 학교까지 삼십 분이 걸렸지만 지금은 한 시간**쯤** 걸립니다. (83회 읽기 59번)

추천 내일 12시쯤 만나서 같이 밥을 먹을까요?

표현 내일쯤, 다음 주쯤 **유의** 정도

462 창문
- window
- 窓
- 窗户
- cửa sổ

기출 저기 **창문** 밑에 있습니다. (83회 듣기 15번)

추천 민수 씨, 바람이 많이 부는데 창문 좀 닫아 주세요.

표현 교실 창문, 창문을 열다

유의 창

463 처음
- first, beginning
- 初めて
- 第一次、开头
- lần đầu tiên

기출 저는 올해 한강 축제에 **처음** 갔습니다. (91회 읽기 44번)

추천 저는 한국에 와서 처음 스키를 타 봤어요.

표현 처음 부분, 처음과 끝, 처음 하다

464 청소하다
- clean
- 掃除する
- 打扫
- dọn dẹp

기출 금요일 하루 종일 기숙사를 **청소할** 계획입니다. (47회 듣기 26번)

추천 청소한 후에 깨끗해진 집을 보면 기분이 좋아져요.

표현 집을 청소하다, 깨끗이 청소하다

465 체육관
- gym
- 体育館
- 体育馆
- phòng thể dục

기출 비가 오면 학생회관 옆에 있는 **체육관**에서 경기를 하겠습니다. (35회 읽기 63번)

추천 저는 매일 저녁에 집 근처 체육관에 가서 운동을 하고 있어요.

표현 동네 체육관, 실내 체육관

TOPIK I

466 초대하다
- invite
- 招待する
- 邀请、招待
- mời

기출) 집에 친구들을 **초대합니다**.
(96회 읽기 39번)

추천) 이번 생일 파티에 반 친구들을 초대했어요.

표현) 손님을 초대하다, 집으로 초대하다

---

467 춥다
- cold
- 寒い
- 冷
- lạnh

기출) **추운** 겨울에 먹을 것을 가지고 산에 올라가는 것이 힘들지만 우리는 매년 기분 좋게 이 일을 합니다. (52회 읽기 59번)

추천) 오늘은 어제보다 더 많이 추워진 것 같아요.

표현) 추운 날씨, 날이 춥다   반의) 덥다

---

468 치다
- to play (racket sports)
- (ラケットスポーツを)する
- 打、拍（球拍运动）
- chơi (môn thể thao vợt)

기출) 테니스를 **치면** 즐겁고 기분이 좋습니다.
(96회 읽기 46번)

추천) 저는 토요일에 친구와 테니스를 쳤어요.

표현) 골프를 치다, 탁구를 치다

---

469 치마
- skirt
- スカート
- 裙子
- váy, chân váy

기출) 오늘 옷 가게에서 **치마**를 하나 샀습니다.
(47회 읽기 47번)

추천) 이 치마는 좀 짧지만 디자인이 예뻐서 마음에 들어요.

표현) 긴 치마, 짧은 치마, 치마를 입다

---

470 침대
- bed
- ベッド
- 床
- giường ngủ

기출) 아이들이 잘 **침대**가 필요해요.
(37회 듣기 21번)

추천) 오늘은 하루 종일 침대에 누워서 잤어요.

표현) 편안한 침대, 침대에서 자다

471 커피숍
- coffee shop
- コーヒーショップ
- 咖啡店
- quán cà phê

기출 그럼 **커피숍**에서 차 한 잔 마시면서 기다려요. (41회 듣기 20번)
추천 친구와 커피숍에서 커피를 마시면서 대화를 해요.
표현 커피숍에 가다, 커피숍에서 만나다
유의 카페

472 컴퓨터
- computer
- コンピューター
- 电脑
- máy tính

기출 회사원들은 오랜 시간 앉아서 **컴퓨터**를 보고 일합니다. (64회 읽기 58번)
추천 새로 산 컴퓨터가 벌써 고장이 났어요.
표현 컴퓨터 게임, 컴퓨터 프로그램

473 컵
- cup
- コップ, カップ
- 杯子
- cốc

기출 친구는 종이로 **컵**을 만듭니다. (35회 읽기 50번)
추천 컵에 따뜻한 물을 좀 담아 주세요.
표현 종이컵, 컵으로 마시다

474 키우다
- raise
- 育てる
- 养
- nuôi trồng

기출 저는 길에서 데려온 강아지를 **키우고** 있습니다. (64회 읽기 70번)
추천 집에서 키우는 꽃은 햇빛이 잘 들어오는 창문 앞에 놓는 것이 좋아요.
표현 나무를 키우다, 자식을 키우다
유의 가꾸다, 기르다

475 택시
- taxi
- タクシー
- 出租车
- taxi

기출 저는 보통 **택시**를 타고 회사에 갑니다. (52회 읽기 45번)
추천 비가 오면 택시가 잘 잡히지 않습니다.
표현 택시 기사, 택시 요금

TOPIK I

476 통장
- bank book
- 通帳
- 存折
- sổ tiết kiệm

(기출) 아이 통장을 하나 만들려고 하는데요.
(36회 듣기 29번)

(추천) 저는 은행에 가서 통장을 만들었습니다.

(표현) 은행 통장, 통장을 받다, 통장을 확인하다

---

477 특별하다
- special
- 特別だ
- 特別
- đặc biệt

(기출) 그때 재미있고 특별한 시장들을 알게 되었어요.
(96회 듣기 29번)

(추천) 어머니께서는 명절 때마다 특별한 음식을 만들어 주셨어요.

(표현) 특별한 선물, 특별한 친구

---

478 특히
- especially
- 特に
- 特別、尤其
- đặc biệt

(기출) 그 중에서 특히 노란색 토마토가 인기가 있습니다.
(37회 읽기 58번)

(추천) 한국어가 어려운데 특히 쓰기가 더 어려워요.

(표현) 특히 많다, 특히 좋아하다   (유의) 특별히

---

479 티셔츠
- T-shirt
- ティシャツ
- T恤
- áo thun

(기출) 저는 어제 친구와 티셔츠를 구경했습니다.
(37회 읽기 62번)

(추천) 동생은 하얀색 티셔츠와 청바지를 입었어요.

(표현) 여름 티셔츠, 편한 티셔츠   (유의) 티

---

480 편하다
- comfortable
- 安い、楽だ、安らかだ
- 方便、舒服
- thoải mái

(기출) 운전해서 다니는 게 편하지 않아요? (60회 읽기 22번)

(추천) 이 신발을 신으면 발이 아주 편해요.

(표현) 편한 옷, 몸이 편하다, 마음이 편하다

(반의) 불편하다

481 **평일**
- weekday
- 平日
- 平日
- ngày thường

기출 평일 아침이라 차도 많은데 길이 많이 막히겠네요. (36회 듣기 24번)
추천 평일에는 수업이 있어요. 주말에 만나는 게 어때요?
표현 평일 오후, 평일 저녁, 평일에 일하다
반의 주말

---

482 **포장하다**
- wrap, pack
- 包装する
- 包装、打包
- đóng gói

기출 제 딸의 첫 번째 생일에 아버지는 예쁘게 **포장한** 그 고양이 인형을 제 딸에게 주셨습니다. (83회 읽기 69번)
추천 친구의 생일 선물을 포장하려고 해요.
표현 선물을 포장하다, 예쁘게 포장하다 **유의** 싸다

---

483 **하루**
- a day
- 一日
- 一天
- một ngày

기출 저는 자기 전에 **하루**를 정리하면서 메모를 합니다. (37회 읽기 65번)
추천 저는 하루에 일곱 시간 잠을 자요.
표현 하루 종일, 하루가 걸리다
유의 일일

---

484 **하지만**
- but, however
- しかし
- 但是
- nhưng

기출 **하지만** 전에는 동전만 사용했습니다. (36회 읽기 43번)
추천 이 가방은 예뻐요. 하지만 너무 비싸서 살 수 없어요.
유의 그러나, 그렇지만

---

485 **함께하다**
- be together, be with
- 共にする, 一緒にする
- 在一起、与共
- cùng làm

기출 텔레비전 소리를 못 들을 때가 있지만 가족들과 **함께하는** 이 시간이 정말 즐겁습니다. (60회 읽기 59번)
추천 힘들 때마다 친구들이 함께해 줘서 고마워요.
표현 함께한 일, 기쁨을 함께하다 **유의** 같이하다

TOPIK I

486 행복
- happiness
- 幸福, 幸せ, 幸い
- 幸福
- niềm hạnh phúc, hạnh phúc

[기출] 모두 아이의 건강과 **행복**을 생각하는 마음이 들어 있습니다. (60회 읽기 67번)
[추천] 아버지는 가족의 행복을 자신의 행복으로 생각합니다.
[표현] 작은 행복, 행복을 느끼다 [반의] 불행

---

487 호텔
- hotel
- ホテル
- 酒店、宾馆
- khách sạn

[기출] 제가 **호텔**에서 일했는데, 그때 외국 손님들이 한국에 대한 질문을 많이 했어요. (60회 듣기 29번)
[추천] 여행을 가기 전에 호텔을 미리 예약했어요.
[표현] 호텔 방, 호텔 식당, 호텔 직원

---

488 화분
- flower pot
- 植木鉢
- 花盆
- chậu cây

[기출] 여행 전에는 **화분**을 햇빛에 놓고 가야 합니다. (37회 읽기 68번)
[추천] 집안 여기저기에 화분이 놓여 있어요.
[표현] 화분 한 개, 화분을 가꾸다

---

489 회사원
- office worker
- 会社員
- 公司职员
- nhân viên công ty

[기출] 저는 졸업 후에 **회사원**이 되고 싶습니다. (37회 읽기 47번)
[추천] 저는 한국 회사에서 일하고 있는 회사원입니다.
[표현] 대기업 회사원, 평범한 회사원
[유의] 사원

Chapter 4

★ ★ ☆ ☆ ☆
출제 4순위 어휘
The 4th Most Frequently Tested Vocabulary

TOPIK I

490 가구
- furniture
- 家具
- 家具
- đồ nội thất

기출 저는 주말에 **가구**를 만듭니다.
(64회 읽기 45번)

추천 가구점에 가서 가구를 좀 샀어요.

표현 거실 가구, 부엌 가구

---

491 가격
- price
- 価格, 値段
- 价格
- giá cả

기출 **가격**은 이천 원입니다. (64회 읽기 41번)

추천 몇 달 동안 비가 많이 내려서 채소 가격이 비싸졌어요.

표현 물건 가격, 가격이 싸다

유의 값

---

492 가볍다
- light
- 軽い
- 轻
- nhẹ

기출 **가벼운** 나무로 만들었기 때문에 신었을 때 불편하지 않습니다.
(37회 듣기 25번)

추천 이 가방은 가벼워서 들고 다니기 좋아요.

표현 가벼운 짐, 물건이 가볍다   **반의** 무겁다

---

493 가을
- fall, autumn
- 秋
- 秋天
- mùa thu

기출 예쁜 꽃이 피는 봄과 단풍을 볼 수 있는 **가을**이 그립습니다.
(60회 읽기 69번)

추천 가을은 날씨가 맑고 시원해서 여행하기 좋아요.

표현 가을 하늘, 가을이 되다, 가을이 오다

---

494 가져가다
- take, bring
- 持って行く
- 带走、拿走
- mang đi

기출 계단에 둔 자기 물건은 목요일 밤까지 모두 **가져가** 주시기 바랍니다.
(47회 듣기 25번)

추천 오늘 비가 올 것 같으니까 우산을 가져가세요.

표현 돈을 가져가다, 책을 가져가다

495 가져오다
- bring
- 持ってくる
- 带来
- mang đến

(기출) 지난번에 빌린 책을 오늘 못 **가져왔어요**. (37회 듣기 17번)

(추천) 집에서 가져온 물건은 모두 이곳에 넣어 주세요.

(표현) 물을 가져오다, 준비물을 가져오다

(유의) 가져가다

496 가지
- kind, sort
- 種類
- 种
- các loại

(기출) 라면의 소금을 적게 먹는 방법은 한 **가지**입니다. (35회 읽기 60번)

(추천) 몇 가지 색깔이 있어요?

(표현) 두 가지, 여러 가지

(유의) 개, 종류

497 갈비탕
- galbitang (Korean dish)
- カルビタン（韓国料理）
- 排骨汤（韓国料理）
- canh sườn bò (món ăn Hàn Quốc)

(기출) 여자는 전화로 **갈비탕**을 주문했습니다. (47회 듣기 19번)

(추천) 새로 생긴 식당에서 갈비탕을 사 먹었어요.

(표현) 갈비탕 맛집, 갈비탕 한 그릇

498 감기
- cold, flu
- 風邪
- 感冒
- cảm cúm

(기출) 저는 밤에 옷을 얇게 입어서 **감기**에 걸렸어요. (36회 듣기 17번)

(추천) 감기에 걸려서 머리가 많이 아파요.

(표현) 감기 환자, 여름 감기, 감기가 낫다

499 감사
- appreciation
- 感謝
- 感谢
- cảm ơn

(기출) 회사 직원에게 **감사** 인사를 하려고. (83회 듣기 25번)

(추천) 우리 백화점은 10주년을 맞아 감사 세일을 합니다.

(표현) 감사 편지, 감사의 말씀, 감사를 드리다

TOPIK I

500 갑자기
- suddenly
- 急に
- 突然
- đột ngột

(기출) 새로 산 텔레비전이 갑자기 소리가 안 나와요. (52회 듣기 27번)
(추천) 갑자기 급한 일이 생겨서 먼저 집에 가 봐도 될까요?
(표현) 갑자기 생각나다, 갑자기 없어지다
(유의) 급히, 갑작스레

501 갖다
- have, possess
- 持つ
- 持有、带有
- mang theo

(기출) 우리 아이도 자기 통장을 갖고 싶어해서 선물하려고요. (64회 듣기 29번)
(추천) 대부분의 사람들이 스마트폰을 갖고 있어요.
(표현) 돈을 갖다, 물건을 갖다

502 개
- piece (unit noun)
- 個
- 个
- cái

(기출) 한 개에 천 원이에요. (35회 듣기 11번)
(추천) 빵 가게에서 빵을 두 개 샀어요.
(표현) 한 개, 두 개, 세 개, 네 개, 다섯 개, 여섯 개, 일곱 개, 여덟 개, 아홉 개, 열 개

503 거기
- there
- そこ
- 那里
- ở đó

(기출) 거기 김수미 씨 집이지요? (37회 듣기 6번)
(추천) 거기에서 조금만 기다려 주세요.
(표현) 거기로 가다, 거기에 있다
(유의) 그곳

504 거리
- street
- 道
- 街道
- đường phố

(기출) 사람들이 많아지면서 거리가 더 복잡해졌습니다. (36회 읽기 62번)
(추천) 주말에는 거리에 사람이 많아서 걷는 것이 힘들어요.
(표현) 거리 풍경, 복잡한 거리, 거리로 나가다
(유의) 길, 길거리

505 **거울**
- mirror
- 鏡
- 镜子
- gương

(기출) 요즘도 매일 혼자 거울을 보면서 춤 연습을 합니다. (36회 읽기 59번)

(추천) 동생은 거울 앞에서 1시간 동안 화장을 하고 있어요.

(표현) 거울 앞, 대형 거울, 거울을 들여다보다

---

506 **거의**
- almost, nearly
- ほとんど
- 几乎
- hầu hết

(기출) 요즘에는 바빠서 공연을 거의 보지 못했습니다. (64회 읽기 49번)

(추천) 집에 있는 물을 거의 다 마셔서 사러 가야 해요.

(표현) 거의 모두, 거의 없다

(유의) 대부분

---

507 **걱정하다**
- worry
- 心配する
- 担心
- lo lắng

(기출) 한국의 일을 걱정했습니다. (60회 읽기 69번)

(추천) 시험 준비를 열심히 했으니까 너무 걱정하지 마세요.

(표현) 걱정하는 마음, 가족을 걱정하다

(유의) 근심하다

---

508 **결정하다**
- decide
- 決める
- 決定
- quyết định

(기출) 저는 오래 생각하지 않고 결정합니다. (41회 읽기 66번)

(추천) 저는 유학을 가기로 결정했어요.

(표현) 미래를 결정하다, 결혼을 결정하다

(유의) 결심하다

---

509 **결혼**
- marriage
- 結婚
- 结婚
- kết hôn

(기출) 시간이 흘러 저는 결혼을 하고 딸을 낳았습니다. (83회 읽기 69번)

(추천) 저는 결혼 후에 바로 아기가 생겨서 일을 그만뒀어요.

(표현) 결혼 날짜, 결혼 생활, 결혼 준비

(유의) 혼인 (반의) 이혼

TOPIK I

510 결혼식
- wedding ceremony
- 結婚式
- 婚礼
- lễ cưới

(기출) 친구는 고향에 와서 **결혼식**을 하려고 합니다. (47회 읽기 70번)
(추천) 보통 결혼식을 마치고 신혼여행을 갑니다.
(표현) 야외 결혼식, 친구의 결혼식
(유의) 혼례, 예식

---

511 결혼하다
- marry
- 結婚する
- 结婚
- kết hôn

(기출) 사람들은 **결혼할** 때 보통 많은 사람들을 초대합니다. (41회 읽기 67번)
(추천) 요즘에는 결혼하지 않고 혼자 사는 사람들이 점점 많아지고 있어요.
(표현) 결혼한 부부, 남녀가 결혼하다
(유의) 혼인하다 (반의) 이혼하다

---

512 경기장
- stadium
- 競技場, スタジアム
- 赛场
- sân vận động

(기출) 동생은 테니스를 보러 **경기장**에 갔습니다. (64회 읽기 62번)
(추천) 농구 경기를 보기 위해서 경기장에 응원하러 온 팬들이 아주 많습니다.
(표현) 농구 경기장, 축구 경기장

---

513 경험
- experience
- 経験
- 经验
- kinh nghiệm

(기출) 음, 자전거 여행 좋죠. 힘들기는 하겠지만 좋은 **경험**이 될 거예요. (36회 듣기 27번)
(추천) 한국에서 유학을 하면서 다양한 경험을 많이 해 볼 수 있었어요.
(표현) 사회 경험, 생활 경험, 인생 경험

---

514 고기
- meat
- 肉
- 肉
- thịt

(기출) 시장에 갑니다. **고기**와 채소를 삽니다. (47회 읽기 36번)
(추천) 불고기를 요리하려고 시장에서 고기를 조금 샀습니다.
(표현) 맛있는 고기, 고기를 굽다, 고기를 먹다
(반의) 채소

515 고르다
- choose, select
- 選ぶ
- 挑选、选择
- chọn

(기출) 마음에 드는 한복을 고르고 이름과 전화번호를 써서 냅니다. (91회 읽기 51번)
(추천) 먹고 싶은 음식을 골라 보세요.
(표현) 골라 먹다, 물건을 고르다
(유의) 선택하다

516 고맙다
- thankful, grateful
- 有り難い
- 感谢
- cảm ơn

(기출) 같이 와 줘서 고마워요. (60회 듣기 21번)
(추천) 열심히 일하는 직원들이 고마웠습니다.
(표현) 고마운 마음, 고마운 사람, 친구에게 고맙다
(유의) 감사하다

517 공기
- air
- 空気
- 空气
- không khí

(기출) 꽃이나 나무가 오래 살려면 물과 공기, 햇빛이 중요합니다. (37회 읽기 67번)
(추천) 시골은 도시에 비해서 공기가 맑고 깨끗해요.
(표현) 맑은 공기, 공기가 좋다, 공기가 차다

518 공연장
- concert hall, performance venue
- 劇場
- 演出场地
- nhà hát, sân khấu

(기출) 케이팝 가수들의 공연장에 가 보고 싶습니다. (83회 듣기 24번)
(추천) 공연장을 빌려서 연극 공연을 하기로 했어요.
(표현) 야외 공연장, 연극 공연장

519 관광
- tourism
- 観光
- 旅游
- du lịch

(기출) 외국어로 관광 안내도 받을 수 있습니다. (36회 읽기 51번)
(추천) 요즘 한국으로 관광을 오는 외국인이 정말 많아요.
(표현) 국내 관광, 해외 관광, 관광을 하다
(유의) 여행, 구경

TOPIK I

520 관심
- interest, attention
- 関心
- 关心、兴趣
- quan tâm

(기출) 저는 요즘 춤에 관심이 생겼습니다. (36회 읽기 60번)
(추천) 저는 한국 드라마에 관심이 있어요.
(표현) 큰 관심, 관심이 많다, 관심이 없다

---

521 구경
- sightseeing
- 見物
- 观看、逛逛
- tham quan

(기출) 여행을 가서 구경을 많이 하고 싶습니다. (37회 듣기 23번)
(추천) 저는 시간이 생기면 미술관에서 그림 구경을 해요.
(표현) 거리 구경, 구경을 가다, 구경을 다니다
(유의) 관광, 관람

---

522 국물
- soup
- スープ、汁
- 汤
- nước canh

(기출) 소금을 적게 먹으려면 라면 국물을 먹지 않는 게 좋습니다. (35회 읽기 59번)
(추천) 오늘 날씨가 추워서 따뜻한 국물 요리를 먹고 싶어요.
(표현) 찌개 국물, 국물이 뜨겁다 (유의) 국

---

523 권
- volume (unit noun)
- 冊
- 本
- quyển

(기출) 책은 몇 권까지 빌릴 수 있어요? (35회 듣기 9번)
(추천) 저는 한 달에 책 한 권은 꼭 읽으려고 합니다.
(표현) 몇 권, 여러 권, 책 한 권

---

524 그곳
- there
- そこ
- 那里
- nơi đó

(기출) 그곳에 들어가면 한쪽 벽에 큰 책장이 있습니다. (96회 읽기 65번)
(추천) 항상 만나는 그곳에서 열 시에 만납시다.
(표현) 그곳에 가다, 그곳에 있다
(유의) 거기

525 그냥
- just
- ただ
- 就那样
- chỉ

기출 여기서 조금 쉬고 그냥 내려가면 어때요? (41회 듣기 24번)

추천 머리가 아파서 밥도 안 먹고 그냥 잤어요.

표현 그냥 가다, 그냥 오다

526 그동안
- meantime
- その間
- 这段时间
- trong thời gian qua

기출 이번이 한국에서 공부하는 마지막 학기라서 그동안 해 보지 못한 경험을 하고 싶었어요. (60회 듣기 29번)

추천 그동안 잘 지내셨어요? 자주 인사드리지 못해 죄송합니다.

표현 그동안 안녕하다, 그동안 잘 지내다

527 그래도
- but
- それでも
- 还是、(虽然)…但是
- dù sao

기출 그래도 국물을 먹고 싶으면 스프를 조금만 넣습니다. (35회 읽기 59번)

추천 열심히 공부했지만 그래도 시험을 잘 못 봤어요.

유의 하지만, 그렇지만

528 그러니까
- so
- だから
- 所以
- vì vậy

기출 저 식당은 준비한 걸 다 팔면 문을 닫아요. 그러니까 늦게 가면 못 드실 수도 있어요. (35회 듣기 23번)

추천 병을 빨리 치료하지 않으면 안 돼요. 그러니까 빨리 병원에 가세요.

529 그런
- such, like that
- そんな
- 那样的
- như vậy

기출 그런 물건을 팔 수 있는 인터넷 사이트가 많아요. 제가 알려 드릴게요. (83회 듣기 20번)

추천 저는 그런 말을 들으면 정말 화가 나요.

표현 그런 것, 그런 일 **유의** 이런, 저런

TOPIK I

---

530 **그중**
- among them
- その中で
- 其中
- trong số đó

기출 그중에서 몸이 안 좋을 때 마시면 좋은 차가 있습니다. (91회 읽기 55번)

추천 많은 과일을 샀는데 그중에서 딸기가 제일 맛있네요.

표현 그중에서, 그중 하나

---

531 **급하다**
- urgent
- 急いでいる
- 緊急、急
- vội vàng

기출 급한 일을 먼저 하는 게 좋습니다. (47회 듣기 23번)

추천 급한 일이 생겨서 잠시 나갔다 오겠습니다.

표현 급한 부탁, 급한 사정, 돈이 급하다

---

532 **기다리다**
- wait
- 待つ
- 等待
- chờ đợi

기출 답장 기다리겠습니다. (60회 읽기 63번)

추천 학교 앞에서 친구를 기다립니다.

표현 기다리는 곳, 버스를 기다리다, 소식을 기다리다

---

533 **기차역**
- train station
- 駅、汽車の駅
- 火车站
- ga tàu

기출 '눈꽃 여행'은 기차역에 내려서 즐거운 시간을 보내고 다음 역으로 가는 여행입니다. (37회 읽기 51번)

추천 친구가 기차역에서 저를 기다리고 있었어요.

표현 기차역에 가다, 기차역에서 만나다

---

534 **끝내다**
- complete, finish
- 終える
- 結束
- kết thúc

기출 지금 하는 일은 오늘까지 끝내야 하는 거지요? (47회 듣기 23번)

추천 오늘은 숙제를 일찍 끝내고 친구들과 놀 거예요.

표현 수업을 끝내다, 회의를 끝내다

유의 마치다 **반의** 시작하다

535 나누다
- distribute, divide, share
- 分ける
- 分
- chia

(기출) 시간이 날 때마다 **나눠서** 하면 더 빨리 할 수 있을 것 같은데요. (41회 듣기 23번)

(추천) 집안일을 혼자 하지 말고 나눠서 가족들과 같이 해 보세요.

(표현) 돈을 나누다, 일을 나누다

536 나빠지다
- get worse
- 悪くなる
- 变坏
- trở nên xấu

(기출) 눈은 한번 **나빠지면** 다시 좋아지기 힘듭니다. (41회 읽기 51번)

(추천) 친구와 싸워서 기분이 나빠졌습니다.

(표현) 건강이 나빠지다, 사이가 나빠지다

(반의) 좋아지다

537 나이
- age
- 年齢
- 年龄
- tuổi tác

(기출) 저하고 **나이**가 같습니다. (36회 읽기 69번)

(추천) 아이는 나이가 몇 살입니까?

(표현) 나이가 많다, 나이가 어리다

538 날마다
- everyday
- 毎日
- 每天
- hàng ngày

(기출) 저는 **날마다** 춤 연습을 합니다. (36회 읽기 60번)

(추천) 친구는 날마다 학교 수업에 늦게 옵니다.

(표현) 날마다 만나다, 날마다 일하다

(유의) 매일

539 내려가다
- go down
- 下りる, 下る
- 下去
- đi xuống

(기출) **내려가면서** 경치를 구경하는 것이 좋습니다. (41회 읽기 24번)

(추천) 여기로 내려가면 은행이 있을 거예요.

(표현) 내려가는 길, 계단을 내려가다, 아래로 내려가다

(반의) 올라가다

Chapter 4 출제 4순위 어휘 131

TOPIK I

540 내리다
- get off
- 降りる
- 下
- hạ xuống

(기출) 저는 운전을 하면서 여행하는데 예쁜 경치가 보이면 내려서 구경합니다. (52회 읽기 49번)
(추천) 시청에 가려면 다음 역에서 내리세요.
(표현) 내리는 곳, 차에서 내리다 (반의) 오르다

541 냉면
- naengmyeon (Korean dish)
- 冷麵 (韓国料理)
- 冷面 (韩国料理)
- mì lạnh (món ăn Hàn Quốc)

(기출) 아까 냉면을 주문했는데 언제 나와요? (91회 듣기 23번)
(추천) 여름에는 냉면을 먹으면 시원해져요.
(표현) 냉면 한 그릇, 냉면을 만들다

542 넓다
- wide
- 広い
- 宽
- rộng

(기출) 저는 편의점이 넓으면 좋겠습니다. (96회 읽기 48번)
(추천) 지금 집이 좁아서 넓은 곳으로 이사하고 싶어요.
(표현) 넓은 방, 넓은 집
(반의) 좁다

543 년
- year
- 年
- 年
- năm

(기출) 저는 한국에 온 지 1년이 되었습니다. (37회 읽기 53번)
(추천) 우리는 일 년에 한 번 만나요.
(표현) 몇 년, 오 년 후

544 노란색
- yellow
- 黄色
- 黄色
- màu vàng

(기출) 노란색 토마토는 보통 토마토보다 맛이 더 답니다. (37회 읽기 58번)
(추천) 저기에 노란색 모자를 쓰고 있는 아이가 제 동생이에요.
(표현) 노란색 가방, 밝은 노란색
(유의) 노랑, 노란빛

545 놀다
- play, hang out, have fun
- 遊ぶ
- 玩
- chơi

(기출) 아이는 동네 사람들과 놀고 싶어 했습니다. (96회 읽기 70번)
(추천) 저는 어릴 때 친구들과 축구나 농구를 하면서 놀았어요.
(표현) 밖에서 놀다, 재미있게 놀다

---

546 높다
- high
- 高い
- 高
- cao

(기출) 봄에는 낮 기온은 높지만 아침과 밤 기온은 낮습니다. (83회 읽기 67번)
(추천) 이 구두는 너무 높아서 불편해요.
(표현) 높은 곳, 높은 산, 건물이 높다
(반의) 낮다

---

547 놓다
- put
- 置く
- 放
- đặt, để

(기출) 손님, 여기 전화기 놓고 가셨어요. (36회 듣기 16번)
(추천) 책상 위에 놓은 지갑이 없어졌어요.
(표현) 가방을 놓다, 바닥에 놓다
(유의) 두다

---

548 눈❷
- snow
- 雪
- 雪
- tuyết

(기출) 빨리 눈이 오는 겨울이 되면 좋겠습니다. (60회 읽기 46번)
(추천) 눈이 많이 와서 길이 미끄러우니까 조심하세요.
(표현) 하얀 눈, 눈이 내리다

---

549 눈꽃
- snow flower
- 雪花
- 雪花
- bông tuyết

(기출) 겨울에 기차를 타고 떠나는 '눈꽃 여행'이 있습니다. (37회 읽기 51번)
(추천) 눈이 내려서 나무마다 하얀 눈꽃이 핀 것 같아요.
(표현) 아름다운 눈꽃, 눈꽃이 피다

TOPIK I

550 뉴스
- news
- ニュース
- 新闻
- tin tức

(기출) 드라마와 뉴스 이야기도 하지만 나와 아내의 회사 이야기도 하고 아이들의 학교 이야기도 합니다. (60회 읽기 59번)

(추천) 학교에 가기 전에 뉴스를 보면서 날씨를 확인해요.

(표현) 라디오 뉴스, 텔레비전 뉴스

---

551 느끼다
- feel, appreciate
- 感じる
- 感受、感受到
- cảm nhận

(기출) 행사에 다녀와서 느낀 것을 홈페이지에 쓰면 선물도 받을 수 있습니다. (91회 읽기 65번)

(추천) 여행을 할 때 시장에 가면 그곳 사람들의 모습과 문화를 더 잘 느낄 수 있어요.

(표현) 깊이 느끼다, 역사를 느끼다

---

552 다녀오다
- go and come back
- 行ってくる
- 去一趟
- đi rồi về

(기출) 중국이나 일본에 다녀온 후에 동전이 남을 때가 있습니다. (41회 읽기 58번)

(추천) 선생님, 저 잠시 화장실 좀 다녀와도 될까요?

(표현) 고향에 다녀오다, 학교에 다녀오다

---

553 다르다
- different
- 違う
- 不同
- khác

(기출) 형은 옛날과 많이 다릅니다. (36회 읽기 48번)

(추천) 저와 동생은 성격이 달라요.

(표현) 다른 모습, 다른 방법, 문화가 다르다

(반의) 같다

---

554 다치다
- get hurt
- 怪我をする
- 受伤
- bị thương

(기출) 지난달에 어머니가 다리를 다쳐서 요리를 못하게 되었습니다. (41회 읽기 69번)

(추천) 허리를 다쳐서 의자에 앉는 것이 불편해요.

(표현) 다친 곳, 다친 사람

555 닦다
- wipe, clean
- 拭く
- 擦
- lau chùi

기출 밀가루를 사용하면 프라이팬에 남은 기름도 쉽게 닦을 수 있습니다.
(52회 읽기 51번)

추천 집에 오면 손을 깨끗이 닦고 식사를 합니다.

표현 방을 닦다, 창문을 닦다

---

556 달
- month
- 月
- 月
- tháng

기출 한 달 전부터 이 행사를 하고 있습니다.
(83회 듣기 26번)

추천 이번 달에는 아르바이트를 하려고 합니다.

표현 몇 달, 한 달   **유의** 월

---

557 달다
- sweet
- 甘い
- 甜
- ngọt

기출 초콜릿은 달아서 사람의 기분을 좋게 합니다.
(83회 읽기 65번)

추천 너무 단 음식을 많이 먹으면 건강에 좋지 않아요.

표현 단 맛, 과일이 달다

---

558 달라지다
- become different
- 変わる
- 改变
- thay đổi

기출 어머니가 강아지를 사 오시면서 제 생활이 달라졌습니다.
(37회 읽기 59번)

추천 오랜만에 고향에 왔는데 옛날과 너무 많이 달라졌어요.

표현 달라진 점, 계절이 달라지다, 시대가 달라지다

유의 바뀌다, 변하다, 변화하다

---

559 달력
- calendar
- カレンダー
- 日历
- lịch

기출 달력
(37회 듣기 11번)

추천 달력을 보면서 여행 갈 날짜를 정합시다.

표현 올해 달력, 달력에 적다

TOPIK I

560 **담그다**
- make (kimchi, traditional Korean pastes or sauces)
- 漬ける
- 腌制、酿
- ngâm

(기출) 김치를 담가 본 적은 없지만 열심히 해 볼게요. (35회 듣기 29번)
(추천) 저희 어머니께서 직접 담그신 김치인데 맛 좀 보세요.
(표현) 간장을 담그다, 고추장을 담그다
(유의) 만들다

---

561 **도시**
- city
- 都市
- 城市
- thành phố

(기출) 제 아내는 도시 생활을 좋아합니다. (52회 읽기 56번)
(추천) 방학이 되면 복잡한 도시를 떠나 시골로 여행을 갑니다.
(표현) 도시 생활, 도시에서 살다
(유의) 시 (반의) 시골, 농촌, 촌

---

562 **도움**
- help
- 助け
- 帮助
- sự giúp đỡ

(기출) 영어 수업이 많이 도움이 됩니다. (64회 듣기 23번)
(추천) 저는 선생님의 도움을 받았습니다.
(표현) 큰 도움, 사람들의 도움, 도움을 주다

---

563 **도장**
- stamp, seal
- 判子
- 印章
- con dấu

(기출) 아이 도장은 가져오셨죠? (36회 듣기 29번)
(추천) 이 서류에 사장님 확인 도장을 받아 오세요.
(표현) 확인 도장, 도장을 찍다

---

564 **돌아가다**
- go back, return
- 帰る
- 回去
- trở về

(기출) 제 친구 마리 씨가 오늘 고향으로 돌아갔습니다. (52회 읽기 46번)
(추천) 우리 가족은 도시로 이사했지만 도시 생활이 힘들어서 시골로 다시 돌아갔습니다.
(표현) 돌아가는 길, 집으로 돌아가다

565 돌아오다
- come back, return
- 戻る, 帰る, 帰ってくる
- 回来
- quay lại

(기출) 기숙사로 돌아오기 전에 친구가 밥도 사 주었습니다. (83회 읽기 53번)

(추천) 오빠는 유학을 마치고 집으로 돌아왔습니다.

(표현) 돌아오는 길, 고향으로 돌아오다

566 동네
- neighborhood
- 町, 村
- 小区
- khu phố

(기출) 우리 동네 산에는 동물들이 많이 살고 있습니다. (52회 읽기 59번)

(추천) 우리 동네 도서관은 크고 책이 아주 많습니다.

(표현) 같은 동네, 동네 사람들

(유의) 마을

567 동물
- animal
- 動物
- 动物
- động vật

(기출) 겨울에는 산에 동물들이 먹을 것이 별로 없습니다. (52회 읽기 59번)

(추천) 저는 집에서 강아지나 고양이같은 동물을 키우고 싶지만 부모님은 싫어하세요.

(표현) 동물 보호, 동물을 관찰하다

568 동안
- during
- 間
- 期間
- trong suốt

(기출) 친구를 일 년 동안 못 만나서 보고 싶었습니다. (60회 읽기 47번)

(추천) 병원에 삼 일 동안 입원했습니다.

(표현) 며칠 동안, 방학 동안 (유의) 간

569 드리다
- give (polite form)
- 差し上げる
- 奉上
- cho (kính ngữ)

(기출) 할머니는 내일 선생님께 감사의 편지를 드리려고 합니다. (47회 읽기 59번)

(추천) 어머니께 드릴 케이크를 직접 만들었습니다.

(표현) 선물을 드리다, 용돈을 드리다

(유의) 주다 (반의) 받다

Chapter 4 출제 4순위 어휘 137

TOPIK I

570 드시다
- eat (polite form)
- 召し上がる
- 吃（敬语）
- dùng (kính ngữ của ăn uống)

（기출） 1층 식당에 오셔서 아침을 드시고 즐거운 하루를 시작하시기 바랍니다.
(83회 듣기 25번)

（추천） 부모님께서는 매일 아침에 과일을 드세요.

（표현） 많이 드시다, 맛있게 드시다

---

571 들어오다
- enter, come in
- 入ってくる
- 进入
- đi vào

（기출） 네, 들어오세요. (35회 듣기 6번)

（추천） 동생이 제 방으로 들어왔습니다.

（표현） 일찍 들어오다, 집에 들어오다

（반의） 나가다

---

572 등산
- hike
- 登山
- 爬山、登山
- leo núi

（기출） 저는 등산을 하러 제주도에 왔습니다.
(91회 읽기 46번)

（추천） 저는 산을 좋아해서 주말마다 등산을 가요.

（표현） 등산 모임, 등산 모자, 등산 양말

---

573 따뜻하다
- warm
- 暖かい
- 温暖
- ấm áp

（기출） 목 주위를 따뜻하게 해 주는 것도 도움이 됩니다.
(64회 읽기 58번)

（추천） 오늘 날씨가 따뜻해져서 공원으로 산책하러 갈 거예요.

（표현） 따뜻한 방, 따뜻한 손, 따뜻한 차

---

574 따르다
- follow
- 従う
- 沿、跟随
- theo

（기출） 사람들은 공원을 산책하거나 기찻길을 따라 걸으면서 사진을 찍습니다.
(47회 읽기 67번)

（추천） 이 길을 따라 쭉 가면 도서관이 있어요.

（표현） 뒤를 따르다, 앞 차를 따르다   （유의） 뒤따르다

575 라면
- ramyeon, instant noodles
- ラーメン
- 方便面
- mì gói

(기출) 라면을 산 후에는 그곳에서 직접 요리해서 먹을 수도 있습니다. (96회 읽기 65번)

(추천) 저는 마트에 가서 라면을 샀습니다.

(표현) 라면을 먹다, 라면을 사다

576 마라톤
- marathon
- マラソン
- 马拉松
- chạy marathon

(기출) 오늘 마라톤 대회가 있어서 저 길로는 못 가요. (36회 듣기 24번)

(추천) 아이가 마라톤 선수처럼 잘 뛰네요.

(표현) 마라톤 대회, 마라톤 선수

577 마지막
- last
- 最後
- 最后
- cuối cùng

(기출) 매월 마지막 주 수요일에 인주 시청 앞에서는 '책을 읽읍시다!'라는 행사를 합니다. (91회 읽기 65번)

(추천) 오늘 마지막 수업이 끝나면 내일 졸업을 합니다.

(표현) 마지막 날, 마지막 순서 (반의) 처음

578 막히다
- stuck in traffic
- 混む
- 堵塞
- tắc nghẽn

(기출) 길이 막힐 수도 있으니까 지하철로 가요. (64회 듣기 19번)

(추천) 길이 막혀서 차가 움직이지 못합니다.

(표현) 막힌 도로, 차가 막히다

579 만화가
- cartoonist
- 漫画家
- 漫画家
- họa sĩ truyện tranh

(기출) 만화가들이 축제에 참가하는 사람들의 얼굴을 그려 줍니다. (36회 읽기 65번)

(추천) 동생은 좋아하는 만화가의 모든 만화책을 다 샀습니다.

(표현) 만화가의 그림, 만화가가 되다

TOPIK I

580 많아지다
- increase
- 多くなる, 増える
- 变多
- nhiều lên

기출 작은 결혼식을 하는 사람이 **많아졌습니다**.
(41회 읽기 68번)

추천 요리사가 바뀐 후에 손님이 많아졌어요.

표현 나이가 많아지다, 사람이 많아지다   **반의** 적어지다

---

581 말❶
- horse
- 馬
- 马
- con ngựa

기출 **말**은 하루에 세 시간만 자도 괜찮습니다.
(35회 읽기 57번)

추천 제주도에 가면 말을 타는 체험을 할 수 있어요.

표현 검은 말, 말을 키우다

---

582 말❷
- speech, talk, word
- 言葉, 話
- 话
- lời nói

기출 **말**을 많이 할 때나 발표를 해야 할 때는 초콜릿을 먹지 않는 것이 좋습니다.
(83회 읽기 65번)

추천 저는 말을 재미있게 잘해서 친구들에게 인기가 많아요.

표현 말과 글, 재미있는 말, 말을 듣다   **유의** 이야기

---

583 말씀
- speech, talk, word (polite form)
- お話, お言葉
- 话（敬称）
- lời nói

기출 수미 씨에게 **말씀** 좀 전해 주세요.
(41회 읽기 6번)

추천 선생님의 말씀을 듣고 열심히 공부하기로 했습니다.

표현 감사의 말씀, 부모님 말씀, 부탁의 말씀   **유의** 말

---

584 말씀하다
- speak (polite form)
- おっしゃる
- 说（敬语）
- nói (kính ngữ)

기출 **말씀하는** 것을 좋아하시기 때문입니다. (41회 읽기 53번)

추천 선생님이 말씀하신 것을 잘 들어야 합니다.

표현 말씀한 내용, 말씀하신 일

유의 말하다

585 맛
- taste
- 味
- 味道
- hương vị

기출 그런데 얼음이 녹아서 물이 되면 음료의 **맛**이 없어집니다.
(64회 읽기 65번)

추천 저는 쓴 맛을 싫어해요.

표현 단 맛, 매운 맛, 맛이 있다

---

586 매주
- every week
- 每週
- 每周
- mỗi tuần

기출 **매주** 수요일은 우리 회사 '가족 사랑의 날'입니다.
(41회 듣기 25번)

추천 매주 토요일에는 친구들과 같이 등산을 하거나 농구를 합니다.

표현 매주 모임, 매주에 한 번

---

587 맵다
- spicy
- 辛い
- 辣
- cay

기출 보통 우리가 먹는 떡볶이는 **맵지만** 전통 떡볶이는 맵지 않습니다.
(36회 읽기 55번)

추천 저는 스트레스를 받으면 단 음식이나 매운 음식을 먹어요.

표현 매운 맛, 매운 요리

---

588 메뉴
- menu
- メニュー
- 菜单、菜品
- thực đơn

기출 얼음 음료는 여름철 인기 **메뉴**입니다. (64회 읽기 65번)

추천 메뉴를 보고 먹고 싶은 음식을 골라 보세요.

표현 저녁 메뉴, 메뉴를 찾다

유의 메뉴판

---

589 메모
- memo, note
- メモ
- 记录、留言、留言条、便条
- ghi chú

기출 수미 씨가 **메모**를 썼습니다.
(52회 읽기 41번)

추천 지금 자리에 안 계신데 메모 전해 드릴까요?

표현 메모지, 메모를 쓰다

TOPIK I

590 메시지
- (text) message
- メッセージ
- 信息
- tin nhắn

(기출) 수미 씨는 **메시지**를 보냈습니다.
(91회 읽기 42번)

(추천) 친구는 저에게 문자 메시지를 보냈어요.

(표현) 문자 메시지, 메시지를 받다

---

591 명
- person, people (unit noun)
- 人（単位）
- 名（量词）
- người (Đơn vị)

(기출) 저는 언니가 여러 **명** 있습니다.
(96회 읽기 54번)

(추천) 이 게임을 하려면 적어도 세 명이 있어야 합니다.

(표현) 몇 명, 여러 명

---

592 모든
- all
- 全て, 全部
- 所有的
- tất cả

(기출) 이 행사에 참가한 **모든** 사람에게는 선물을 줍니다. (91회 읽기 66번)

(추천) 우리 학교에 다니는 모든 학생들은 도서관을 이용할 수 있습니다.

(표현) 모든 것, 모든 사람

(유의) 전

---

593 모레
- the day after tomorrow
- あさって
- 后天
- ngày kia

(기출) 내일 보낼 거니까 **모레**쯤은 도착할 겁니다.
(37회 듣기 29번)

(추천) 모레가 친구 생일이라서 오늘 생일 선물을 사러 가야 해요.

(표현) 모레까지, 모레부터

---

594 모습
- appearance, figure
- 姿
- 样子、模样
- hình dáng

(기출) 아이들은 채소가 자라는 **모습**을 보고 정말 즐거워합니다.
(96회 읽기 61번)

(추천) 우리 집 강아지가 자는 모습이 너무 귀여워서 웃음이 나요.

(표현) 귀여운 모습, 자신의 모습

595 모이다
- gather
- 集まる
- 集合、聚集
- tụ tập

(기출) 우리는 오후 8시에 **모여서** 배드민턴을 칩니다. (91회 읽기 53번)

(추천) 가수를 보려고 팬들이 모이면서 행사장이 복잡해졌어요.

(표현) 모이는 시간, 모이는 장소, 많이 모이다

596 못하다
- not good at
- できない、下手だ
- 不会、(做得) 不好
- không thể

(기출) 노래를 **못해요**. (41회 듣기 2번)

(추천) 저는 영어는 잘하는데 수학은 못해요.

(표현) 못하는 것, 공부를 못하다

(반의) 잘하다

597 무겁다
- heavy
- 重い
- 重
- nặng

(기출) **무거우시죠**? (36회 듣기 15번)

(추천) 무거운 가방을 들고 계단을 올라가는 어린이를 도와줬습니다.

(표현) 무거운 물건, 짐이 무겁다

(반의) 가볍다

598 문구점
- stationery store
- 文房具屋
- 文具店
- cửa hàng văn phòng

(기출) **문구점** (35회 듣기 7번)

(추천) 문구점에서 볼펜, 연필, 공책 등을 살 수 있어요.

(표현) 대형 문구점, 학교 앞 문구점

(유의) 문방구

599 문화
- culture
- 文化
- 文化
- văn hóa

(기출) 학생 여러분, '전통 **문화** 함께 하기'를 신청해 주셔서 감사합니다. (41회 읽기 63번)

(추천) 이 책을 읽고 한국 문화에 대해 배웠어요.

(표현) 외국 문화, 현대 문화

TOPIK I

600 미리
- in advance
- 予め, 前もって
- 提前
- trước

(기출) 저는 두 달 전에 표를 **미리** 샀습니다.
(35회 읽기 48번)

(추천) 약속 시간이 되기 전에 미리 약속 장소에 도착해요.

(표현) 미리 가다, 미리 준비하다

---

601 미용실
- hair salon
- 美容院
- 美容院
- tiệm cắt tóc

(기출) 도시의 큰 **미용실**에서 일하고 있습니다. (36회 읽기 67번)

(추천) 미용실에서 머리를 조금 자르고 파마도 했어요.

(표현) 미용실 요금, 미용실에 가다

(유의) 미장원

---

602 바뀌다
- be changed
- 変わる
- (被)换、改
- bị thay đổi, được thay đổi

(기출) 이제 저는 성격이 많이 **바뀌었습니다**.
(96회 읽기 59번)

(추천) 바뀐 전화번호 좀 알려 주세요.

(표현) 가방이 바뀌다, 주소가 바뀌다

---

603 바람
- wind
- 風
- 风
- gió

(기출) 네. 춥고 **바람**도 많이 불어요.
(91회 듣기 13번)

(추천) 오늘 저녁부터 바람이 불고 비가 오겠습니다.

(표현) 따뜻한 바람, 바람이 강하다

---

604 박수
- clap, applause
- 拍手
- 鼓掌
- vỗ tay

(기출) 아이들은 제 연기를 보고 크게 웃거나 **박수**를 치면서 좋아합니다.
(52회 읽기 69번)

(추천) 제가 노래를 부를 때 친구들이 박수를 치면서 같이 불러 줬어요.

(표현) 박수 소리, 박수를 보내다

605 발
- foot
- 足
- 脚
- chân

기출 발이 아픕니다.
(96회 읽기 35번)

추천 발에 잘 맞는 신발을 사기 위해서 신어 본 후에 사세요.

표현 손과 발, 발이 작다, 발이 크다

606 밤
- night
- 夜
- 夜、晚上
- đêm

기출 우리는 밤 늦게까지 이야기했습니다. (60회 읽기 47번)

추천 저는 보통 밤 열 시에 잠을 자요.

표현 깊은 밤, 어두운 밤, 밤이 오다

반의 낮

607 방송
- broadcasting, announcement
- 放送
- 广播
- phát sóng

기출 이 가게는 방송에 소개된 후 문을 닫았습니다.
(64회 읽기 56번)

추천 놀이공원에서 아이를 찾는 방송이 나왔어요.

표현 안내 방송, 방송을 하다

608 배드민턴
- badminton
- バドミントン
- 羽毛球
- cầu lông

기출 저는 퇴근 후에 친구들과 매일 배드민턴 모임을 합니다.
(91회 읽기 53번)

추천 저는 배드민턴 치는 것을 좋아해요.

표현 배드민턴 경기, 배드민턴 선수

609 번
- time, occasion (unit noun)
- 回
- 次
- lần

기출 이 행사는 일 년에 한 번 열립니다.
(96회 읽기 56번)

추천 이 약은 하루에 세 번 먹어야 합니다.

표현 몇 번, 여러 번

TOPIK I

610 번호
- number
- 番号
- 号码
- số

(기출) 자기만 아는 **번호**를 사용할 수도 있고 카드로 문을 열 수도 있습니다. (64회 읽기 51번)

(추천) 호텔을 예약했는데 방 번호를 알 수 있을까요?

(표현) 신청 번호, 여권 번호, 번호를 쓰다

---

611 벌써
- already
- もう
- 已经
- đã

(기출) 오랜만에 여행 왔는데 **벌써** 가요? (37회 듣기 23번)

(추천) 얼마 전에 한국에 온 것 같은데 벌써 고향에 돌아갈 시간이에요.

(표현) 벌써 알다, 벌써 자다

---

612 볼펜
- ballpoint pen
- ボールペン
- 圆珠笔
- bút bi

(기출) **볼펜**으로 글을 쓰면 지우개로 지울 수 없습니다. (41회 읽기 57번)

(추천) 저는 공부할 때 중요한 것은 빨간색 볼펜으로 써요

(표현) 공책과 볼펜, 볼펜 한 자루

---

613 뵙다
- see (polite form)
- お目にかかる
- 见 (敬语)
- gặp (kính ngữ)

(기출) 그럼, 토요일에 **뵙겠습니다**. (35회 읽기 63번)

(추천) 오랜만에 선생님을 뵙기 위해 학교에 가고 있어요.

(표현) 다시 뵙다, 어른을 뵙다

(유의) 뵈다

---

614 부모
- parents
- 両親
- 父母
- cha mẹ

(기출) **부모**하고 아이가 불고기를 만듭니다. (36회 읽기 42번)

(추천) 지난주에 첫 아이가 태어나서 저도 이제 부모가 됐어요.

(표현) 부모 자식, 부모 형제

(유의) 어버이

615 부모님
- parents (polite form)
- 両親（敬語）
- 父母（敬称）
- bố mẹ

(기출) 전에 저는 **부모님**이랑 음악회에 갔는데 정말 좋아하셨어요. (36회 듣기 20번)

(추천) 이번 방학에는 부모님과 함께 여행을 가려고 합니다.

(표현) 부모님의 사랑, 부모님을 찾아뵙다

616 분위기
- mood, atmosphere
- 雰囲気
- 氛围、气氛
- bầu không khí

(기출) **분위기**도 좋고 음식도 맛있어서 우리는 다음에 또 가기로 했습니다. (91회 읽기 61번)

(추천) 도서관은 모두 열심히 공부하는 분위기라서 공부가 잘 됩니다.

(표현) 밝은 분위기, 슬픈 분위기, 집안 분위기

617 불편하다
- uncomfortable
- 不便だ
- 不舒服、不方便
- bất tiện

(기출) 오늘 구두를 받아서 신어 봤는데 너무 **불편합니다**. (60회 읽기 63번)

(추천) 소파가 딱딱해서 앉으면 불편해요.

(표현) 불편한 옷, 교통이 불편하다

(반의) 편하다

618 비슷하다
- similar, alike
- 似ている
- 相似
- tương tự

(기출) 봄에는 아침과 낮의 기온이 **비슷합니다**. (83회 읽기 68번)

(추천) 저는 우리 형과 비슷하게 생겼어요.

(표현) 비슷한 모양, 비슷하게 생기다

(유의) 닮다, 유사하다 (반의) 다르다

619 비싸다
- expensive
- 高い
- 贵
- đắt

(기출) 다른 우산보다 좀 **비싸지만** 인기가 있습니다. (91회 읽기 67번)

(추천) 이 가게는 가격이 좀 비싸요.

(표현) 비싼 물건, 값이 비싸다

(반의) 싸다

TOPIK I

620 빵
- bread
- パン
- 面包
- bánh mì

(기출) 빵을 직접 만들어요?
(35회 듣기 19번)
(추천) 빵집에 가서 빵을 샀어요.
(표현) 빵 가게, 빵 한 개, 빵을 먹다

---

621 사과
- apple
- りんご
- 苹果
- táo

(기출) 사과가 싸요?
(37회 듣기 2번)
(추천) 요즘 사과가 달고 맛있어요.
(표현) 빨간 사과, 사과 한 개, 사과를 먹다

---

622 사무실
- office
- 事務室
- 办公室
- văn phòng

(기출) 한복은 1층에 있는 사무실에서 빌릴 수 있습니다.
(91회 읽기 51번)
(추천) 저는 사람을 만나는 것보다 사무실에서 혼자 일하는 것이 편해요.
(표현) 사무실 직원, 회사 사무실

---

623 사진기
- camera
- カメラ
- 相机
- máy ảnh

(기출) 남자는 여자에게 사진기를 빌리려고 합니다. (35회 듣기 18번)
(추천) 그곳의 아름다운 경치를 제 사진기로 찍었어요.
(표현) 사진기를 보다, 사진기를 꺼내다
(유의) 카메라

---

624 산책하다
- take a walk, stroll
- 散歩する
- 散步
- đi dạo

(기출) 민수 씨는 여기에서 자주 산책해요?
(96회 듣기 8번)
(추천) 하루에 두 번 강아지를 데리고 공원으로 산책하러 갑니다.
(표현) 산책하는 사람, 함께 산책하다

625 상자
- box
- 箱
- 箱子
- hộp, thùng

기출 먼저 필요 없는 물건들을 **상자** 안에 넣었습니다. (37회 읽기 49번)
추천 상자 안에 물건을 넣고 포장해 주세요.
표현 나무 상자, 종이 상자, 상자를 열다
유의 박스

---

626 색
- color
- 色
- 颜色
- màu sắc

기출 요즘 마트에 특별한 **색**의 토마토들이 많습니다. (37회 읽기 58번)
추천 여름에는 밝은 색 옷을 입으면 더 시원해요.
표현 무슨 색, 흐린 색, 색이 어둡다
유의 색깔, 컬러

---

627 생각나다
- be reminded of, come to mind
- 思い出す
- 想起来
- nhớ ra

기출 그 옷을 입을 때마다 친구가 **생각날** 것 같습니다. (37회 읽기 61번)
추천 좋은 일이나 안 좋은 일이 생기면 고향에 있는 가족이 생각나요.
표현 고향이 생각나다, 부모님이 생각나다

---

628 선물하다
- give a gift
- プレゼントする
- 赠送
- tặng quà

기출 저는 아이들에게 가방을 **선물합니다**. (36회 읽기 46번)
추천 이 가방은 여자 친구가 저에게 선물한 거예요.
표현 꽃을 선물하다, 부모님께 선물하다

---

629 설명
- explanation
- 説明
- 说明
- giải thích

기출 저는 외국어 **설명** 서비스를 신청했습니다. (91회 읽기 60번)
추천 선생님의 설명을 잘 듣고 시험을 봐야 합니다.
표현 자세한 설명, 설명을 하다

TOPIK I

630 세탁소
- the cleaner's
- 洗濯屋, クリーニング屋
- 洗衣店
- tiệm giặt ủi

기출) 세탁소 (52회 듣기 8번)
추천) 저는 이불 빨래는 보통 세탁소에 가져가요.
표현) 세탁소에 가다, 세탁소에 맡기다

631 소금
- salt
- 塩
- 盐
- muối

기출) 라면은 맛있지만 **소금**이 많이 들어 있어서 건강에 나쁩니다. (35회 읽기 59번)
추천) 음식에 소금을 많이 넣어서 너무 짜요.
표현) 흰 소금, 소금이 짜다

632 쇼핑하다
- go shopping
- ショッピングする
- 购物
- mua sắm

기출) 주말에는 밤 열 시까지 이용할 수 있으니 편안하게 한 시간 더 **쇼핑하십시오**. (91회 듣기 25번)
추천) 백화점이 세일을 시작해서 쇼핑하는 사람들이 많아요.
표현) 쇼핑하는 곳, 쇼핑하러 가다

633 수박
- watermelon
- スイカ
- 西瓜
- dưa hấu

기출) **수박**을 좋아하세요? (41회 듣기 12번)
추천) 더운 여름에는 수박으로 시원한 주스를 만들어 먹어요.
표현) 수박 주스, 시원한 수박, 수박이 달다

634 수영장
- swimming pool
- プール
- 游泳池
- hồ bơi

기출) 호텔에 있는 **수영장**은 무료로 이용하실 수 있습니다. (35회 듣기 25번)
추천) 저는 매일 아침 수영장에서 수영한 후에 출근합니다.
표현) 실내 수영장, 호텔 수영장

635 수영하다
- swim
- 泳ぐ
- 游泳
- bơi

기출 저는 바다에서 **수영하는** 것을 좋아합니다.
(83회 읽기 47번)

추천 저는 주말에 수영장에서 수영합니다.

표현 수영하는 방법, 수영하는 사람들, 바다에서 수영하다

---

636 수학
- mathematics
- 数学
- 数学
- toán học

기출 다음 주 월요일에 **수학** 시험이 있습니다.
(35회 읽기 44번)

추천 저는 수학을 잘하고 좋아해서 수학 선생님이 되고 싶습니다.

표현 수학 문제, 수학 수업

---

637 스물
- twenty
- 二十
- 二十
- hai mươi

기출 저는 **스물**세 살이에요.
(36회 읽기 12번)

추천 제 딸의 나이는 올해 스물입니다.

표현 열, 스물, 서른, 마흔, 쉰, 예순, 일흔, 여든, 아흔, 백

---

638 스키
- ski
- スキー
- 滑雪
- trượt tuyết

기출 그곳에는 **스키**를 타는 사람들이 많았습니다.
(37회 읽기 44번)

추천 저는 겨울에 스키장에 가서 스키를 타는 것을 좋아해요.

표현 스키 경기, 스키 선수

---

639 스키장
- ski resort
- スキー場
- 滑雪场
- khu trượt tuyết

기출 어제 형과 **스키장**에 처음 갔습니다.
(37회 읽기 44번)

추천 이번 겨울 방학에 친구들과 스키장에 가서 스키를 탈 거예요.

표현 스키장의 눈, 스키장을 찾다

TOPIK I

640 스프
- seasoning powder
- 粉末スープ
- 汤料、调料
- súp

(기출) 라면의 소금은 보통 국물을 만드는 **스프**에 있습니다. (35회 읽기 59번)

(추천) 국물이 있는 요리를 할 때 이 스프를 조금 넣어 보세요.

(표현) 라면 스프, 스프를 넣다

---

641 슬프다
- sad
- 悲しい
- 伤心、悲伤
- buồn

(기출) 아이는 우리 부부와 헤어져서 **슬펐습니다**. (91회 읽기 70번)

(추천) 저와 친구는 슬픈 영화를 보고 눈물을 흘렸어요.

(표현) 슬픈 마음, 슬픈 얼굴, 마음이 슬프다

(반의) 기쁘다

---

642 시골
- countryside
- 田舎
- 乡村
- nông thôn

(기출) 저는 **시골**에서 살고 싶습니다. (41회 읽기 46번)

(추천) 시골의 공기는 깨끗합니다.

(표현) 작은 시골, 조용한 시골

(반의) 도시

---

643 시원하다
- cool
- 涼しい
- 涼快
- mát mẻ

(기출) 가을이 되니까 많이 **시원해졌네요**. (36회 듣기 17번)

(추천) 나무 아래에 앉아서 시원한 바람을 느껴 보세요.

(표현) 시원한 계절, 시원한 날씨

---

644 시청
- city hall
- 市役所
- 市政府
- tòa thị chính

(기출) 이 버스는 **시청**에서 출발해서 중앙공원까지 가는 서울 투어 버스입니다. (52회 듣기 25번)

(추천) 시청 앞은 주말마다 여러 가지 행사를 하고 있습니다.

(표현) 시청 직원, 시청에서 일하다

645 식사
- meal
- 食事
- 餐
- bữa ăn

(기출) 식사 후에 약을 드세요. (83회 듣기 10번)
(추천) 저는 아침에 식사 대신 커피를 마셔요.
(표현) 아침 식사, 점심 식사, 저녁 식사
(유의) 밥

646 식탁
- dining table
- 食卓
- 餐桌
- bàn ăn

(기출) 다음에는 식탁도 만들어 보려고요. (37회 듣기 27번)
(추천) 식탁 위에 빵과 과일이 있으니까 이따가 드세요.
(표현) 식탁 의자, 식탁에 앉다

647 신다
- put on
- 履く
- 穿 (鞋子、袜子)
- xỏ (giày, tất)

(기출) 신청자는 모두 운동화를 신어야 합니다. (41회 읽기 64번)
(추천) 발에 잘 맞는 신발을 신어야 해요.
(표현) 신은 양말, 구두를 신다 (반의) 벗다

648 신청자
- applicant
- 申込者
- 申请人
- người đăng ký

(기출) 신청자는 아홉 시 반까지 모여야 합니다. (41회 읽기 64번)
(추천) 한국어 말하기 대회 신청자는 모두 스무 명입니다.
(표현) 신청자가 많다, 신청자를 받다
(유의) 신청인

649 실내
- indoor
- 室内
- 室内
- trong nhà

(기출) 요즘 집안에 실내 정원을 만들고 싶어 하는 분들 많으시죠? (36회 듣기 25번)
(추천) 추우니까 밖에 나가지 않고 실내에서 놀아요.
(표현) 실내 수영장, 실내 체육관 (반의) 야외, 실외

TOPIK I

---

650 실례하다
- commit a breach of etiquette, excuse
- 失礼する
- 失礼
- xin lỗi

(기출) 실례합니다. 혹시 김치박물관이 어디 있는지 아세요? (41회 듣기 19번)
(추천) 한국어를 잘 못해서 한국 친구들에게 말할 때 자주 실례하게 돼요.
(표현) 실례한 일, 손님에게 실례하다
(유의) 실수하다

---

651 싫다
- dislike, hate
- 嫌だ, きらいだ
- 讨厌
- không thích

(기출) 커피가 싫어요. (96회 듣기 2번)
(추천) 저는 거짓말하는 사람이 정말 싫어요.
(표현) 싫은 것, 싫은 사람
(유의) 밉다 (반의) 좋다

---

652 심다
- plant
- 植える
- 种
- trồng

(기출) 제가 태어났을 때 우리 아버지가 심으신 것입니다. (36회 읽기 69번)
(추천) 한국에서는 4월 5일이 꽃과 나무를 심는 날이에요.
(표현) 밭에 심다, 정원에 심다

---

653 아까
- earlier, before
- さっき, さきほど
- 刚才
- vừa rồi

(기출) 필요한 것들을 아까 메모해 놓았는데, 민수 씨 책상 위에 있을 거예요. (36회 듣기 21번)
(추천) 아까 친구하고 같이 밥을 먹어서 아직도 배가 불러요.
(표현) 아까 한 말, 아까 나가다

---

654 아주머니
- middle-aged woman/lady
- おばさん
- 大妈
- bà (lớn tuổi)

(기출) 아주머니가 주신 토마토 때문에 기분이 좋았습니다. (83회 읽기 57번)
(추천) 옆집 아주머니께서 가끔 맛있는 음식을 만들어서 주세요.
(표현) 동네 아주머니, 이웃 아주머니, 주인 아주머니

655 아직
- yet, still
- まだ
- 还
- vẫn chưa

기출 아직 영화 시작 안 했어요. (60회 듣기 16번)
추천 저는 아직 밥을 못 먹었어요.
표현 아직 못하다, 아직 어리다
반의 벌써

656 안내하다
- make known, guide
- 案内する
- 引导
- hướng dẫn

기출 버스 이용 방법을 안내하려고. (52회 듣기 25번)
추천 선생님은 일 학년 학생들을 교실로 안내했어요.
표현 안내하는 사람, 길을 안내하다

657 안녕히
- in peace, safely
- 安らかに
- 平安地
- bình an, chúc ngủ ngon

기출 안녕히 주무세요. (91회 듣기 6번)
추천 안녕히 다녀오세요.
표현 안녕히 가다, 안녕히 계시다

658 앞으로
- in the future
- これから
- 以后
- trong tương lai

기출 앞으로 집 근처 시장을 자주 이용하기로 했습니다. (37회 읽기 55번)
추천 저는 앞으로 한국에 회사에 들어가서 일하려고 합니다.
표현 앞으로 공부하다, 앞으로 연락하다

659 앞자리
- front seat
- 前の席
- 前排座位
- chỗ ngồi trước

기출 영화는 앞자리에서 보면 더 재미있습니다. (36회 듣기 23번)
추천 저는 항상 교실 앞자리에 앉아서 수업을 듣습니다.
표현 버스 앞자리, 제일 앞자리 **반의** 뒷자리

TOPIK I

660 약
- medicine
- 薬
- 药
- thuốc

[기출] 밥을 먹고 **약**을 먹습니다.
(37회 읽기 42번)

[추천] 약사는 환자에게 약을 줬습니다.

[표현] 쓴 약, 좋은 약, 약을 사다

---

661 양말
- sock
- 靴下
- 袜子
- tất

[기출] 친구는 저에게 **양말**을 사 주었습니다.
(37회 읽기 43번)

[추천] 이 가게는 여러 색깔의 양말을 팔아요.

[표현] 양말 한 켤레, 양말을 신다

---

662 어른
- adult
- 大人
- 大人、成人
- người lớn

[기출] 이 만화 박물관에는 어릴 때 읽은 만화책을 오랜만에 다시 읽으러 오는 **어른**들도 많습니다. (83회 읽기 55번)

[추천] 어른은 입장료가 오천 원이고 아이는 삼천 원이에요.

[표현] 어른의 말씀, 어른이 되다

[유의] 성인 [반의] 아이

---

663 어서
- welcome
- どうぞ
- 请
- mời

[기출] **어서** 오세요, 손님.
(64회 듣기 8번)

[추천] 여러분, 어서 오세요.

[표현] 어서 들다, 어서 들어오다

---

664 얼마나
- how
- どれくらい
- 多么
- bao nhiêu

[기출] 이 회사에서 **얼마나** 일했어요?
(36회 듣기 4번)

[추천] 학교에서 집까지 시간이 얼마나 걸려요?

[표현] 얼마나 되다, 얼마나 오다

665 **여동생**
- younger sister
- 妹
- 妹妹
- em gái

기출 저와 **여동생**은 머리 색깔이 다릅니다. (36회 읽기 54번)
추천 저는 여동생이 하나 있습니다.
표현 귀여운 여동생, 여동생 한 명
반의 남동생

666 **여러분**
- everyone, all of you
- 皆さん
- 大家
- mọi người

기출 **여러분**을 위해서 전통 음악을 공부하는 한국 학생들이 공연을 합니다. (37회 읽기 63번)
추천 여러분의 생각을 듣고 싶습니다.
표현 시민 여러분, 참가자 여러분

667 **여보세요**
- hello
- もしもし
- 喂
- alo

기출 여보세요? (37회 듣기 21번)
추천 여보세요? 김 과장님 좀 바꿔 주세요.

668 **역**
- station
- 駅
- 车站
- nhà ga

기출 사람들에게 갈아타는 **역**을 잘 알려 주기 위해서 새소리와 함께 사용하게 되었습니다. (96회 읽기 67번)
추천 시청에 가려면 어느 역에서 내려야 해요?
표현 역을 출발하다, 역에 도착하다 **유의** 철도역

669 **연락하다**
- make contact, get in touch
- 連絡する
- 联系
- liên lạc

기출 **연락하려고** 했는데 주문한 그릇이 왜 이렇게 안 와요? (37회 듣기 29번)
추천 무슨 일이 생겨서 늦을 때는 미리 연락해 주세요.
표현 연락할 번호, 친구에게 연락하다

TOPIK I

670 연주하다
- perform, play
- 演奏する
- 演奏
- biểu diễn âm nhạc

(기출) 음악회가 끝나면 우리를 위해 **연주해** 준 학생들과 함께 저녁 식사를 할 겁니다. (37회 읽기 63번)

(추천) 무슨 악기를 연주할 수 있어요?

(표현) 연주하는 사람, 피아노를 연주하다

---

671 열리다
- be held, take place
- 開く，開ける
- 举行
- diễn ra

(기출) 다음 달에 **열리는** '회사 사랑 걷기 대회'의 참가 신청이 이번 주 금요일까지입니다. (64회 듣기 25번)

(추천) 오늘은 유명한 화가의 전시회가 열립니다.

(표현) 모임이 열리다, 파티가 열리다

---

672 예약하다
- reserve, book
- 予約する
- 预订
- đặt chỗ

(기출) 호텔을 **예약하고** 싶은 외국인은 여기에 전화하면 됩니다. (36회 읽기 51번)

(추천) 이 식당은 유명해서 미리 예약해야 합니다.

(표현) 예약한 날짜, 전화로 예약하다

---

673 오랫동안
- for a long time
- 長い間
- 许久
- trong một thời gian dài

(기출) 저는 **오랫동안** 다닌 회사를 그만두었습니다. (83회 읽기 61번)

(추천) 그 친구와 오랫동안 만나지 못했어요.

(표현) 오랫동안 기다리다, 오랫동안 노력하다

(반의) 잠깐

---

674 오빠
- (for females) older brother
- お兄さん，（女の使う言葉）兄
- （女子说的话）哥哥
- (khi con gái gọi) anh trai

(기출) 수미 씨, **오빠**가 있어요? (83회 듣기 11번)

(추천) 저는 두 살 많은 오빠가 한 명 있어요.

(표현) 아는 오빠, 친한 오빠 (반의)  남동생

675 올라가다
- go up
- 上がる
- 上去
- lên

(기출) 저는 힘들어서 산에 **올라가는** 것을 싫어합니다. (52회 읽기 60번)
(추천) 저기에 있는 엘리베이터를 타고 올라갑시다.
(표현) 올라가는 길, 위로 올라가다
(반의) 내려가다

676 왜
- why
- なぜ
- 为什么
- tại sao

(기출) 민수 씨, **왜** 이쪽 길로 가세요? (36회 듣기 24번)
(추천) 왜 이렇게 사람들이 많지요?
(표현) 왜 늦다, 왜 좋다

677 외국어
- foreign language
- 外国語
- 外国语
- ngoại ngữ

(기출) 마이클 씨하고 **외국어** 공부를 하고 싶습니다. (83회 듣기 22번)
(추천) 무슨 외국어를 할 수 있어요?
(표현) 외국어 교육, 외국어 수업
(반의) 모국어

678 요리하다
- cook
- 料理する
- 烹饪、做饭
- nấu ăn

(기출) **요리하는** 걸 좋아해서 만들어서 먹어요. (60회 듣기 17번)
(추천) 어머니는 항상 가족을 위해 맛있는 음식을 요리하세요.
(표현) 요리하는 방법, 맛있게 요리하다
(유의) 조리하다

679 우유
- milk
- 牛乳
- 牛奶
- sữa

(기출) **우유**를 삽니다. (35회 읽기 35번)
(추천) 우유를 사러 슈퍼마켓에 가요.
(표현) 바나나 우유, 우유를 마시다

TOPIK I

680 움직이다
- move
- 動く
- 动
- di chuyển

(기출) 다리만 **움직이면서** 걷는 것이 아니고 온몸이 **움직이게** 되기 때문입니다. (41회 읽기 59번)
(추천) 퇴근 시간에 버스를 타면 사람이 많아서 움직일 수가 없어요.
(표현) 빨리 움직이다, 천천히 움직이다

681 웃다
- smile, laugh
- 笑う
- 笑
- cười

(기출) 아이도 기뻐하며 활짝 **웃었습니다**. (96회 읽기 69번)
(추천) 영화가 재미있어서 많이 웃었어요.
(표현) 웃는 얼굴, 밝게 웃다
(반의) 울다

682 웃음
- laughter
- 笑い
- 笑（容、声）
- nụ cười

(기출) 저는 **웃음** 극장에서 공연을 준비합니다. (41회 읽기 56번)
(추천) 동생의 밝은 웃음을 보면 기분이 좋아져요.
(표현) 웃음이 나다, 웃음이 나오다
(반의) 울음

683 원하다
- want
- 願う
- 愿意
- muốn

(기출) 가게에서 우리가 **원하는** 그림을 그려 주었습니다. (37회 읽기 62번)
(추천) 제가 제일 원하는 것은 가족의 건강과 행복입니다.
(표현) 원하는 것, 원하는 선물

684 유학생
- international student
- 留学生
- 留学生
- du học sinh

(기출) **유학생**들이 한국 전통 음악을 연주할 겁니다. (37회 읽기 64번)
(추천) 한국어를 배우려고 한국에 온 유학생들이 많아요.
(표현) 국내 유학생, 해외 유학생

685 유행하다
- in fashion, trendy
- 流行する
- 流行
- thịnh hành

(기출) 멋있게 보이고 싶을 때는 **유행하는** 안경을 씁니다.
(35회 읽기 55번)
(추천) 요즘 이 옷이 학생들 사이에서 유행하고 있어요.
(표현) 유행하는 노래, 유행하는 스타일

---

686 의미
- meaning
- 意味
- 意义、意思、意味
- ý nghĩa

(기출) 제 이름에는 특별한 **의미**가 있습니다. (41회 읽기 62번)
(추천) 이 단어의 의미를 몰라서 사전을 찾고 있어요.
(표현) 글의 의미, 의미를 묻다
(유의) 뜻

---

687 의사
- doctor
- 医者
- 医生
- bác sĩ

(기출) 아버지는 **의사**입니다. 어머니는 은행원입니다.
(37회 읽기 32번)
(추천) 병원에 의사가 한 명, 간호사가 두 명 있습니다.
(표현) 치과 의사, 의사를 만나다

---

688 의자
- chair
- 椅子
- 椅子
- ghế

(기출) 지금까지 책장 하나와 **의자** 두 개를 만들었습니다.
(64회 읽기 45번)
(추천) 책상 앞에 의자가 있고, 그 옆에 침대가 있어요.
(표현) 책상 의자, 의자에 앉다

---

689 이기다
- win
- 勝つ
- 赢
- thắng

(기출) 우리 팀이 계속 **이기면** 좋겠습니다. (37회 듣기 22번)
(추천) 제가 다른 선수들을 모두 이기고 1등을 했습니다.
(표현) 이긴 팀, 경기에서 이기다, 상대편을 이기다
(반의) 지다

TOPIK I

690 이렇게
- like this
- こんなに
- 这样
- như thế này

(기출) 이렇게 하는 것이 건강에 도움이 더 많이 됩니다.
(41회 읽기 59번)
(추천) 이렇게 하는 것이 맞아요?
(표현) 이렇게 만들다, 이렇게 말하다

---

691 이사하다
- move in/out
- 引っ越す
- 搬家、搬迁
- chuyển nhà

(기출) 이사한 집에서 식사를 했습니다.
(47회 읽기 43번)
(추천) 내 친구는 서울로 이사했어요.
(표현) 도시로 이사하다, 새집으로 이사하다

---

692 이용
- use
- 利用
- 使用、利用
- sử dụng

(기출) 이용에 불편을 드려 죄송합니다.
(96회 읽기 63번)
(추천) 우리 제품의 많은 이용을 부탁드리겠습니다.
(표현) 이용 방법, 이용을 하다, 이용이 어렵다 (유의) 사용

---

693 이쪽
- this, this way
- こちら
- 这边
- phía này

(기출) 여러분, 이쪽으로 오세요. (37회 듣기 25번)
(추천) 이쪽으로 쭉 가면 학교가 있어요.
(표현) 이쪽을 보다, 이쪽에 앉다
(반의) 저쪽

---

694 일시
- date and time
- 日時
- 日期和时间
- nhất thời

(기출) 일시: 금요일 오후 2~4시
(37회 읽기 41번)
(추천) 회의 장소와 일시를 알려 주세요.
(표현) 방송 일시, 일시를 정하다

695 일주일
- one week
- 一週間
- 一周
- một tuần

(기출) 배드민턴 모임은 **일주일**에 한 번 있습니다.
(91회 읽기 54번)

(추천) 저는 일주일 동안 한 번도 핸드폰을 사용하지 않았습니다.

(표현) 지난 일주일, 일주일이 지나다

696 잃어버리다
- lose
- 失くす、失う
- 丢（失）
- mất

(기출) 저는 이 강아지를 **잃어버렸습니다**. (64회 읽기 70번)

(추천) 학교에서 지갑을 잃어버렸는데 어떻게 해야 해요?

(표현) 잃어버린 물건, 잃어버린 장소

(유의) 없어지다 (반의) 찾다

697 잊어버리다
- forget
- 忘れる
- 忘记
- quên

(기출) 저는 어머니가 불러 준 노래를 **잊어버렸습니다**. (47회 읽기 66번)

(추천) 어릴 때 외국에 오래 살아서 한국어를 잊어버렸어요.

(표현) 약속을 잊어버리다, 이름을 잊어버리다

(유의) 잊다, 깜빡하다

698 자동차
- car
- 車
- 汽车
- xe ô tô

(기출) 저는 작년부터 **자동차** 파는 일을 하고 있습니다. (47회 읽기 57번)

(추천) 우리는 자동차를 타고 갈 거예요.

(표현) 자동차 한 대, 자동차를 운전하다

(유의) 차

699 자료
- materal, data
- 資料
- 资料
- tài liệu

(기출) 남자는 여자에게 회의 **자료**를 보냈습니다.
(35회 듣기 20번)

(추천) 발표 자료를 만들기 전에 필요한 자료를 인터넷에서 찾았습니다.

(표현) 학습 자료, 자료를 내다, 자료를 준비하다

TOPIK I

700 자르다
- cut
- 切る
- 剪
- cắt

（기출） 거기서 사람들의 머리를 예쁘게 **잘라** 줍니다.
(36회 읽기 67번)

（추천） 가위로 종이를 자를 때 손을 조심해야 해요.

（표현） 나무를 자르다, 반으로 자르다

---

701 자리
- seat
- 座席
- 座位
- chỗ ngồi

（기출） 영화관은 모든 **자리**를 편하게 해야 합니다.
(36회 듣기 23번)

（추천） 카페에 손님이 많아서 앉을 자리가 없어요.

（표현） 자리가 있다, 자리가 좁다

（유의） 의자, 장소

---

702 잔
- cup, glass (unit noun)
- 杯
- 杯
- cốc

（기출） 한 **잔** 마셨어요.
(35회 듣기 3번)

（추천） 여기 맥주 한 잔만 주세요.

（표현） 여러 잔, 커피 한 잔

---

703 장미
- rose
- バラ
- 玫瑰
- hoa hồng

（기출） **장미**가 예쁘네요.
(64회 읽기 7번)

（추천） 저는 여자 친구에게 빨간 장미를 선물했어요.

（표현） 빨간 장미, 장미 한 송이

---

704 저❷
- um
- あの、えっと
- 哎、呃
- ờ

（기출） **저**, 우산은 어디에 있어요?
(83회 듣기 15번)

（추천） 저, 도서관이 어디에 있어요?

（유의） 저기

705 저❸
- that
- あれ
- 那
- dó

기출 저 딸기 케이크 주세요.
(52회 듣기 8번)

추천 빨간색 셔츠를 입은 저 사람이 제 남동생이에요.

표현 저분, 저 음식

706 저희
- we, our (polite form)
- 私たち（謙譲語）
- 我们（谦称）
- chúng tôi (khiêm nhường ngữ)

기출 저희는 매일 아침 여섯 시에 시작하니까 아침 일찍 오셔도 됩니다.
(36회 듣기 19번)

추천 졸업한 후에도 저희들은 선생님을 잊지 않을 거예요.

표현 저희 가족, 저희 회사

유의 우리

707 적다❶
- write, take notes
- 書く
- 写
- viết

기출 그다음에는 내일 할 일을 적어 봅니다. (37회 읽기 65번)

추천 여기에 이름과 연락처를 적어 주세요.

표현 수첩에 적다, 전화번호를 적다

유의 쓰다, 메모하다, 작성하다

708 적다❷
- small, little
- 少ない
- 少
- ít

기출 저보다 2살 적어요. (41회 듣기 13번)

추천 저는 여행을 해 본 경험이 적어요.

표현 적은 돈, 나이가 적다

반의 많다

709 전화번호
- phone number
- 電話番号
- 电话号码
- số điện thoại

기출 신분증이 없으면 전화번호를 알려 주면 됩니다.
(47회 읽기 58번)

추천 손님, 전화번호를 여기에 써 주세요.

표현 회사 전화번호, 전화번호를 묻다

TOPIK I

710 점심❶
- lunch (time)
- 昼休み
- 中午、午饭时间
- giờ ăn trưa

기출 점심에 약을 먹습니다. (37회 읽기 42번)
추천 내일 점심에 친구를 만나서 같이 쇼핑할 거예요.
표현 점심이 되다, 점심이 지나다
유의 점심때

---

711 점심❷
- lunch (meal)
- 昼食
- 午饭
- bữa trưa

기출 점심 드셨어요? (37회 듣기 11번)
추천 바빠서 점심을 먹지 않고 일했어요.
표현 점심 메뉴, 점심을 준비하다
유의 점심밥

---

712 점심시간
- lunchtime
- 昼休み
- 午饭时间
- giờ ăn trưa

기출 점심시간은 두 시까지입니다.
(47회 읽기 40번)
추천 점심시간이 되면 회사 앞의 식당은 손님들로 복잡합니다.
표현 점심시간 후, 점심시간이 끝나다

---

713 정도
- (being) approximate
- くらい
- 程度
- mức độ

기출 고칠 수는 있는데 한 시간 정도 걸릴 것 같습니다. (91회 듣기 21번)
추천 여기에서 학교까지 어느 정도 걸려요?
표현 하루 정도, 한 번 정도
유의 쯤

---

714 정리하다
- organize
- 整理する
- 整理
- sắp xếp

기출 저는 필요 없는 물건을 정리했습니다.
(37회 읽기 50번)
추천 책상을 깨끗하게 정리했어요.
표현 방을 정리하다, 침대를 정리하다

715 정원
- garden
- 庭
- 花园
- vườn

(기출) 이 책은 실내 정원을 만들 때 도움이 됩니다.
(36회 듣기 26번)

(추천) 새로 이사한 집은 정원이 넓어서 꽃과 나무를 심을 수 있어요.

(표현) 예쁜 정원, 정원을 꾸미다

---

716 졸업
- graduation
- 卒業
- 毕业
- tốt nghiệp

(기출) 저는 고등학교 졸업 후에 김 선생님을 못 만났습니다.
(91회 읽기 48번)

(추천) 저는 대학교 졸업을 하고 바로 회사에 들어갔습니다.

(표현) 졸업 사진, 졸업 시험, 졸업 여행   (반의) 입학

---

717 종류
- kind, type
- 種類
- 种类
- loại

(기출) 다양한 종류의 라면을 한 번에 보고 고를 수 있습니다. (96회 읽기 65번)

(추천) 한국의 김치는 종류가 다양합니다.

(표현) 과일 종류, 종류가 많다

(유의) 종

---

718 종이
- paper
- 紙
- 纸
- giấy

(기출) 어제 인주시에 있는 종이 미술관에 갔다 왔어요.
(91회 듣기 27번)

(추천) 저는 혼자 있을 때 종이에 그림을 그려요.

(표현) 얇은 종이, 두꺼운 종이, 종이를 자르다

---

719 종이컵
- paper cup
- 紙コップ
- 纸杯
- cốc giấy

(기출) 저는 종이컵을 많이 썼습니다.
(64회 읽기 57번)

(추천) 편리하기 때문에 종이컵을 사용하는 사람들이 많습니다.

(표현) 종이컵 한 개, 종이컵으로 마시다

TOPIK I

720 주로
- usually, mainly
- 主に
- 主要
- thường, thường xuyên

기출 남자는 요즘 **주로** 산을 그립니다.
(64회 읽기 30번)

추천 저는 친구를 만나면 주로 커피숍에 가서 이야기를 합니다.

표현 주로 가다, 주로 하다

---

721 주무시다
- sleep (polite form)
- お休みになる
- 睡觉（敬语）
- ngủ (kính ngữ)

기출 네, 안녕히 **주무세요**. (91회 듣기 6번)

추천 할머니는 저녁 9시만 되면 주무세요.

표현 일찍, 주무시다, 잠을 주무시다

유의 자다

---

722 주문
- order
- 注文
- 订单、订购
- đặt hàng

기출 청바지 **주문**을 취소하려고 합니다.
(91회 읽기 63번)

추천 여기요, 주문 좀 받아 주세요.

표현 음식 주문, 주문을 하다

---

723 주문하다
- place an order
- 注文する
- 点菜、订购
- gọi món, đặt hàng

기출 손님은 차를 **주문하고** 기다립니다. (36회 읽기 50번)

추천 저는 인터넷으로 옷을 주문했어요.

표현 주문하는 곳, 물건을 주문하다, 음식을 주문하다

유의 시키다

---

724 주인
- owner
- 主人
- 主人
- chủ

기출 저는 강아지의 **주인**을 만났습니다.
(64회 읽기 70번)

추천 주말에 가게 주인을 만나서 가게를 구경하기로 했어요.

표현 자전거 주인, 핸드폰 주인

725 준비되다
- be prepared
- 準備される, 用意される
- 准备好
- sẵn sàng

기출 올해는 특히 많은 선물이 **준비되어** 있으니 많이 참가해 주시기 바랍니다. (64회 듣기 25번)

추천 준비됐으면 출발할까요?

표현 돈이 준비되다, 음식이 준비되다, 자리가 준비되다

726 지갑
- wallet
- 財布
- 钱包
- ví

기출 공항에서 **지갑**을 잃어버렸습니다. (37회 읽기 57번)

추천 지갑에 돈이 하나도 없어요.

표현 지갑 안, 지갑에 넣다

727 지난달
- last month
- 先月
- 上个月
- tháng trước

기출 지영 씨는 제 친한 친구인데 **지난달**에 결혼했습니다. (91회 읽기 49번)

추천 이 옷은 지난달 제 생일에 친구들에게 받은 선물이에요.

표현 지난달보다, 지난달부터

유의 전월

728 지내다
- spend time
- 過ごす
- 渡过
- sống, trải qua

기출 잘 **지냈습니다**. (83회 듣기 6번)

추천 이번 방학은 어떻게 지낼 거예요?

표현 혼자 지내다, 휴가를 지내다

유의 보내다, 생활하다

729 지도
- map
- 地図
- 地图
- bản đồ

기출 특히 올해 축제에서는 많은 사람이 모여서 꽃으로 세계 **지도** 만들기를 합니다. (83회 읽기 51번)

추천 제 여행 가방에 지도와 여권이 항상 있어요.

표현 세계 지도, 한국 지도, 지도를 보다

TOPIK I

730 지우다
- erase
- 消す
- 删除、擦掉
- xóa

(기출) 지우개로 **지울** 수 있는 볼펜을 친구한테서 받았습니다.
(41회 읽기 57번)

(추천) 틀린 것은 지우고 다시 쓰세요.

(표현) 그림을 지우다, 깨끗하게 지우다

---

731 지키다
- keep
- 守る
- 保护、保持
- bảo vệ

(기출) 눈이 나빠지기 전에 눈 건강을 **지켜야** 합니다.
(41회 읽기 51번)

(추천) 가족의 행복을 지키기 위해서 서로 이해하며 살아야 해요.

(표현) 비밀을 지키다, 약속을 지키다

---

732 지폐
- bill
- 紙幣
- 纸币
- tiền giấy

(기출) 옛날에도 **지폐**를 사용했습니다.
(35회 읽기 62번)

(추천) 지갑 안에 지폐 몇 장과 동전이 있습니다.

(표현) 지폐 한 장, 천 원짜리 지폐

---

733 지하
- basement
- 地下
- 地下
- dưới lòng đất

(기출) 식사는 **지하** 1층 식당에서 하시면 됩니다. (35회 듣기 25번)

(추천) 이 건물의 주차장은 지하에 있습니다.

(표현) 지하 도로, 지하로 내려가다

(반의) 지상

---

734 지하철역
- subway station
- 地下鉄駅
- 地铁站
- ga tàu điện ngầm

(기출) 회사에서 **지하철역**이 가까워서 좋습니다.
(60회 듣기 22번)

(추천) 도서관은 지하철역 2번 출구로 나와서 왼쪽으로 가면 있어요.

(표현) 지하철역 입구, 지하철역에 도착하다

735 짐
- luggage, package
- 荷物
- 行李
- hành lý

(기출) 사람들은 **짐**을 직접 가지고 가야 합니다. (35회 듣기 26번)

(추천) 여행할 때 짐이 많으면 힘드니까 필요한 것만 가지고 가세요.

(표현) 무거운 짐, 짐을 들다, 짐을 싸다

736 차 ❷
- car
- 車
- 汽车
- xe

(기출) 저는 집에서 일찍 나왔지만 **차**가 많아서 길이 막혔습니다. (83회 읽기 45번)

(추천) 차를 타고 여행을 갑니다.

(표현) 새 차, 차 한 대

(유의) 자동차

737 참가
- participation
- 参加
- 参加
- tham gia

(기출) 금요일까지 **참가** 신청을 할 수 있습니다. (64회 듣기 26번)

(추천) 대회 참가 학생은 9시까지 체육관으로 와 주시기 바랍니다.

(표현) 참가 번호, 참가 신청서, 참가를 하다

(유의) 참석, 참여 (반의) 불참, 불참석

738 참가비
- entry fee
- 参加費
- 参加费用
- phí tham gia

(기출) **참가비**는 만 원이고 이번 주까지 신청하면 됩니다. (47회 읽기 63번)

(추천) 저도 이 행사에 참가하고 싶은데 참가비가 얼마예요?

(표현) 참가비가 있다, 참가비를 내다 (유의) 회비

739 참석
- attendance
- 出席
- 出席、参加
- tham dự

(기출) 많은 **참석** 바랍니다. (37회 읽기 63번)

(추천) 회의 참석을 위해 조금 일찍 출근했습니다.

(표현) 모임 참석, 참석 인원, 참석을 하다

(유의) 참가, 출석, 참여 (반의) 불참, 불참석

TOPIK I

740 초등학교
- elementary school
- 小学校
- 小学
- trường tiểu học

(기출) 저는 **초등학교** 때 친하게 지낸 친구가 한 명 있었습니다.
(6회 읽기 53번)

(추천) 아이가 초등학교를 졸업하고 중학교에 입학합니다.

(표현) 초등학교 선생님, 초등학교에 들어가다

---

741 초등학생
- elementary school student
- 小学生
- 小学生
- học sinh tiểu học

(기출) 제가 **초등학생**이었을 때의 일입니다.
(83회 읽기 69번)

(추천) 초등학생은 입장료가 무료입니다.

(표현) 초등학생 아이, 초등학생이 되다

---

742 추다
- dance
- 踊る
- 跳
- nhảy

(기출) 와, 케이팝 가수들은 노래도 잘하고 춤도 잘 **추네요**.
(83회 듣기 24번)

(추천) 춤을 잘 추는 사람들은 정말 멋있어 보여요.

(표현) 잘 못 추다, 한 곡 추다

---

743 취소하다
- cancel
- 取り消す, キャンセルする
- 取消
- hủy bỏ

(기출) 여자는 금요일 약속을 **취소했습니다**.
(36회 듣기 18번)

(추천) 감기에 걸려서 다음 주 여행을 취소하기로 했어요.

(표현) 계획을 취소하다, 회의를 취소하다

---

744 친하다
- close
- 親しい
- 亲近
- thân thiết

(기출) 다음 달에 **친한** 친구가 결혼을 합니다.
(47회 읽기 69번)

(추천) 우리는 초등학교 때부터 친하게 지냈습니다.

(표현) 친한 언니, 서로 친하다

745 커피
- coffee
- コーヒー
- 咖啡
- cà phê

기출 저는 지현 씨에게 **커피**를 사 주었습니다.
(35회 읽기 47번)

추천 커피를 마시면 밤에 잠을 잘 못 자요.

표현 커피 맛, 커피 값, 커피를 주문하다

746 케이크
- cake
- ケーキ
- 蛋糕
- bánh

기출 특별히 이번에는 회사에서 **케이크**를 준비했습니다.
(41회 듣기 25번)

추천 생일에 맛있는 딸기 케이크가 먹고 싶어요.

표현 생일 케이크, 초코 케이크, 케이크를 만들다

747 타워
- tower
- タワー
- 塔
- tòa tháp

기출 가끔 고향 생각이 날 때는 서울**타워**에 올라가서 밤경치를 봅니다.
(37회 읽기 53번)

추천 타워의 제일 높은 곳에서 본 야경이 정말 아름다웠어요.

표현 유명한 타워, 타워를 세우다, 타워에 오르다 **유의** 탑

748 태어나다
- be born
- 生まれる
- 出生
- sinh ra

기출 민수 씨는 부산에서 **태어났어요**? (91회 듣기 14번)

추천 지난달에 여동생이 태어났는데 너무 작고 귀여워요.

표현 태어난 날짜, 아이가 태어나다

유의 나다, 나오다, 출생하다

749 토마토
- tomato
- トマト
- 番茄
- cà chua

기출 채소 가게 아주머니가 **토마토**를 하나 더 주셨습니다.
(83회 읽기 57번)

추천 매일 토마토 주스를 만들어 마셔서 건강이 좋아졌어요.

표현 토마토 소스, 토마토를 먹다

TOPIK I

750 **퇴근**
- leaving work
- 退勤
- 下班
- tan ca

(기출) 요즘 **퇴근** 후에 뭐 해요? (37회 듣기 27번)
(추천) 우리 회사는 다른 회사보다 퇴근 시간이 한 시간 빠릅니다.
(표현) 퇴근을 하다, 퇴근이 늦다 (반의) 출근

751 **튼튼하다**
- strong
- 丈夫だ
- 结实
- vững chắc

(기출) 이 가방은 **튼튼하지만** 무겁습니다. (35회 듣기 24번)
(추천) 책상이 크고 튼튼합니다.
(표현) 튼튼한 가구, 튼튼한 의자 (반의) 약하다

752 **팀**
- team
- チーム
- 团队、队
- đội, nhóm

(기출) 상대 **팀** 선수가 많이 다쳐서 걱정했습니다. (37회 듣기 22번)
(추천) 제가 응원하는 야구 팀이 꼭 이겼으면 좋겠어요.
(표현) 같은 팀, 우리 팀, 팀을 이루다

753 **파티**
- party
- パーティー
- 派对
- tiệc

(기출) 은정 씨는 오늘 생일 **파티**에 갔습니다. (60회 읽기 42번)
(추천) 우리 집에서 파티를 하려고 하는데 꼭 와 주세요.
(표현) 졸업 파티, 축하 파티, 파티에 초대하다

754 **편리하다**
- convenient
- 便利だ
- 便利、方便
- tiện lợi

(기출) 공항에 **편리한** 서비스가 별로 없습니다. (52회 읽기 62번)
(추천) 이 가방은 가벼워서 여행을 다닐 때 사용하면 편리해요.
(표현) 편리한 지하철, 교통이 편리하다 (반의) 불편하다

755 **편의점**
- convenience store
- コンビニ
- 便利店
- cửa hàng tiện lợi

(기출) **편의점** (64회 듣기 34번)
(추천) 편의점에서 우유와 빵을 샀어요.
(표현) 편의점에 가다, 편의점에서 일하다

756 프로그램
- program
- プログラム
- 节目
- chương trình

기출 사람들은 보통 좋아하는 텔레비전 **프로그램**을 볼 때 조용히 봅니다.
(60회 읽기 59번)

추천 요즘 텔레비전에서 재미있는 프로그램을 많이 합니다.

표현 교육 프로그램, 라디오 프로그램, 프로그램을 만들다

유의 프로

---

757 하늘
- sky
- 空
- 天空
- bầu trời

기출 몇 십 년 후에는 자동차가 **하늘**로 다닐 것입니다.
(35회 읽기 51번)

추천 가을이 되면 하늘은 맑고 깨끗해져요.

표현 가을 하늘, 높은 하늘, 하늘의 별

---

758 학생회
- student's association
- 学生会
- 学生会
- hội học sinh, hội sinh viên

기출 **학생회**에서 알립니다.
(60회 듣기 25번)

추천 학생회에서는 학생들의 생활을 돕습니다.

표현 학생회 활동, 학생회에 가입하다

---

759 학생회관
- student union building
- 学生会館
- 学生会馆
- hội quán sinh viên

기출 **학생회관**에서 동아리 발표회를 합니다.
(60회 듣기 26번)

추천 학생들이 학생회관에 모여서 회의를 하고 있어요.

표현 학생회관 건물, 학생회관에 가다

---

760 할아버지
- grandfather
- お祖父さん、祖父
- 爷爷
- ông

기출 우리 **할아버지**의 이름은 김둘입니다. (41회 읽기 62번)

추천 저희 가족은 할아버지, 할머니, 아버지, 어머니, 저 이렇게 다섯 명입니다.

표현 할아버지 댁, 할아버지 생신, 할아버지를 뵙다

유의 조부 **반의** 할머니

TOPIK I

761 햇빛
- sunlight
- 日光
- 阳光
- ánh nắng mặt trời

(기출) 여행을 오래 할 때는 **햇빛**이 잘 들어오지 않는 곳에 화분을 놓는 것이 좋습니다. *(37회 읽기 67번)*

(추천) 햇빛이 너무 강해서 선글라스를 썼습니다.

(표현) 여름 햇빛, 햇빛이 들다

---

762 행사장
- event hall/venue
- イベント会場
- 活动场地
- địa điểm sự kiện

(기출) 물건들은 바로 **행사장**으로 가지고 갈까요? *(36회 듣기 21번)*

(추천) 행사장을 찾은 사람들이 너무 많아 더 이상 들어갈 수가 없어요.

(표현) 축제 행사장, 특별 행사장, 행사장 주변

---

763 헤어지다
- part from
- 別れる
- 分开、分别
- chia tay

(기출) 할머니와 **헤어지는** 날에 아이는 "제가 생각날 때 보세요."라고 하면서 직접 그린 그림을 선물 했습니다. *(91회 읽기 69번)*

(추천) 좋아하는 사람과 만날 때는 헤어지고 싶지 않아요.

(표현) 헤어질 시간, 친구와 헤어지다   (반의) 만나다

---

764 호
- room number (unit)
- 号
- 号
- phòng

(기출) 3층 300**호** 교실 *(37회 읽기 41번)*

(추천) 제 방은 기숙사 201호입니다.

(표현) 903호 방, 몇 동 몇 호

---

765 혹시
- by any chance
- もしかして
- 是否、万一
- liệu rằng

(기출) **혹시** 그림을 배운 적이 있어요? *(60회 듣기 21번)*

(추천) 혹시 예전에 우리가 만났어요?

(표현) 혹시 모르니까, 혹시 일이 생기면

(유의) 혹, 혹여

Chapter 5

출제 5순위 어휘
The 5th Most Frequently Tested Vocabulary

TOPIK I

766 가꾸다
- cultivate, grow
- 育てる
- 侍弄
- chăm sóc

기출 실내 정원은 **가꾸기**가 어렵지 않습니다.
(36회 듣기 26번)

추천 저는 집 정원에 직접 꽃을 심고 가꿉니다.

표현 나무를 가꾸다, 장미를 가꾸다

---

767 가벼워지다
- lighten
- 軽くなる
- 变轻、轻松
- trở nên nhẹ nhàng

기출 서울 타워에 갔다 오면 마음도 **가벼워지고** 기분도 좋아집니다.
(37회 읽기 53번)

추천 숙제가 다 끝나서 마음이 가벼워졌어요.

표현 몸이 가벼워지다, 무게가 가벼워지다

유의 가볍다　**반의** 무거워지다

---

768 가져다주다
- bring
- 持て来てくれる
- 拿给、递给
- mang đến

기출 내일은 **가져다줄** 수 있어요?
(37회 듣기 17번)

추천 음식을 만들어서 친구에게 가져다줬어요.

표현 직접 가져다주다, 집으로 가져다주다

---

769 가짜
- fake
- 偽物
- 假
- giả

기출 종이로 만든 지폐는 **가짜** 돈을 만들기도 쉽습니다. (35회 읽기 61번)

추천 그 사람의 이름, 주소, 연락처는 모두 가짜였습니다.

표현 가짜 가방, 가짜 서류, 가짜 신분증

유의 거짓　**반의** 진짜

---

770 간단하다
- simple
- 簡単だ
- 简单
- đơn giản

기출 저는 식혜를 만드는 방법이 **간단해서** 자주 만들어 먹습니다.
(35회 읽기 65번)

추천 점심에 많이 먹었으니까 저녁은 간단하게 먹읍시다.

표현 간단한 설명, 사용이 간단하다　**반의** 복잡하다

771 간장
- soy sauce
- 醤油
- 酱油
- nước tương

(기출) 고추장을 넣지 않고 **간장**으로 만들기 때문입니다.
(36회 읽기 55번)

(추천) 국을 끓일 때 간장을 조금 넣으면 맛있어요.

(표현) 간장을 담그다, 간장을 찍어 먹다

772 감다
- shut eyes
- 目を閉じる
- 闭眼
- nhắm mắt

(기출) 눈이 피곤할 때는 눈을 **감고** 쉬는 것이 제일 좋습니다. (41회 읽기 51번)

(추천) 나는 아침에 일어나기 싫어서 눈을 감고 침대에 누워 있었어요.

(표현) 감은 눈, 눈을 감다

(반의) 뜨다

773 강당
- lecture hall
- 講堂
- 礼堂
- giảng đường

(기출) 3시 30분까지 한국대학교 **강당**으로 오시면 됩니다.
(37회 읽기 63번)

(추천) 비가 오면 체육대회는 학교 강당에서 진행합니다.

(표현) 강당 안, 강당에서 모이다

774 건강하다
- healthy
- 健康だ
- 健康
- khỏe mạnh

(기출) 그 강아지는 이제 크고 **건강해져서** 저의 좋은 친구가 되었습니다.
(64회 읽기 69번)

(추천) 건강한 몸과 마음을 키우는 것이 중요합니다.

(표현) 건강한 사람, 건강한 아이, 건강하게 자라다

(유의) 강건하다 (반의) 아프다

775 건너
- across from
- 向こう
- 対面
- (bên) kia

(기출) 길 **건너**에 관광 안내소가 있으니까 가서 한번 물어보세요.
(41회 듣기 19번)

(추천) 길 건너에 맛있는 식당이 많이 있으니까 거기로 갑시다.

(표현) 강 건너, 바다 건너

TOPIK I

776 걸다
- call
- 掛ける
- 打（电话）
- gọi

기출 네, 다시 **걸겠습니다**.
(41회 듣기 6번)

추천 늦은 시간에 전화를 걸면 안 돼요.

표현 잘못 건 전화, 전화 건 사람

---

777 게시판
- bulletin board
- 揭示板
- 公告栏
- bảng thông báo

기출 한국아파트 **게시판** (64회 읽기 63번)

추천 학교 게시판에 시험 성적이 붙었다.

표현 교실 게시판, 게시판을 보다

유의 안내판

---

778 결정
- decision
- 決定
- 决定
- quyết định

기출 제 친구는 내 **결정**을 따라 합니다.
(41회 읽기 66번)

추천 저는 식당에서 음식을 고를 때 빨리 결정을 하지 못합니다.

표현 힘든 결정, 결정이 나다, 결정을 내리다

---

779 경기도
- Gyeonggi Province
- 京畿道
- 京畿道
- tỉnh Gyeonggi

기출 다음 달 15일부터 **경기도** 부천에서 **국제만화축제**가 열립니다.
(36회 읽기 65번)

추천 경기도는 서울 주변의 여러 도시들로 이루어져 있습니다.

표현 서울과 경기도, 경기도에 살다

---

780 계획하다
- plan
- 計画する
- 计划、打算
- lên kế hoạch

기출 음악회를 **계획하려고**.
(37회 읽기 63번)

추천 저는 남자 친구와 3년 후에 결혼하려고 계획하고 있어요.

표현 계획한 일, 미래를 계획하다, 사업을 계획하다

781 고추장
- red chili paste
- コチュジャン
- 辣椒酱
- tương ớt

기출 고추장을 넣지 않고 간장으로 만들기 때문입니다.
(36회 읽기 55번)

추천 떡볶이를 만들 때 고추장과 설탕을 넣습니다.

표현 고추장 떡볶이, 고추장이 맵다

---

782 고프다
- hungry
- (腹が) 減る
- 饿
- đói

기출 아침밥을 못 먹고 와서 배가 **고프네요**. (52회 듣기 22번)

추천 지금 배가 너무 고프니까 밥을 먼저 먹으러 갈까요?

표현 고픈 배, 속이 고프다

반의 배부르다

---

783 곧
- soon
- すぐ
- 马上
- sắp

기출 빨리 오세요. 영화가 **곧** 시작해요.
(41회 듣기 7번)

추천 저도 곧 갈게요. 먼저 출발하세요.

표현 곧 끝나다, 곧 만나다

---

784 공장
- factory
- 工場
- 工厂
- nhà máy

기출 원하시는 색깔이 가게에 없어서 **공장**에 주문을 했는데요.
(37회 듣기 29번)

추천 남동생은 자동차 공장에서 자동차를 만드는 일을 합니다.

표현 공장 건물, 공장 직원, 공장에서 일하다

---

785 공항버스
- airport bus
- 空港バス
- 机场大巴
- xe buýt sân bay

기출 그런데 이제 그 동전으로 **공항버스**를 탈 수 있게 되었습니다.
(41회 읽기 58번)

추천 공항버스를 이용하기 위해서는 미리 예약하는 것이 좋아요.

표현 공항버스 시간표, 공항버스 정류장

TOPIK I

786 관계없다
- irrelevant
- 関係ない
- (与…) 无关
- không liên quan

(기출) 음식의 맛과 **관계없이** 어머니는 항상 맛있게 드셨습니다.
(41회 읽기 69번)

(추천) 이 사건과 저는 아무 관계없습니다.

(표현) 관계없는 사람, 전혀 관계없다   (반의) 관계있다

---

787 관광하다
- go on a tour, see the sights
- 観光する
- 旅游、观光
- tham quan

(기출) 한국에서 **관광하기** 좋은 장소
(36회 읽기 52번)

(추천) 한국에 가면 관광하고 싶은 곳이 어디예요?

(표현) 관광하러 가다, 시내를 관광하다, 이곳저곳 관광하다

---

788 교통경찰
- traffic police
- 交通警察
- 交通警察
- cảnh sát giao thông

(기출) 하늘에 자동차가 있으면 하늘에서 일하는 **교통경찰**도 있어야 합니다.
(35회 읽기 51번)

(추천) 교통사고가 나서 복잡한 길을 교통경찰이 정리하고 있습니다.

(표현) 교통경찰이 되다, 교통경찰이 지키다

---

789 교통사고
- traffic accident, car crash
- 交通事故
- 交通事故
- tai nạn giao thông

(기출) 학교 앞에서 어린이 **교통사고**가 많이 납니다.
(60회 읽기 58번)

(추천) 매년 교통사고 수가 늘어나고 있어요.

(표현) 교통사고를 내다, 교통사고를 막다

---

790 국제
- international
- 国際
- 国际
- quốc tế

(기출) **국제**만화축제가 지금 열리고 있습니다. (36회 읽기 66번)

(추천) 한국에서 올림픽이나 월드컵 같은 국제 스포츠 대회를 여러 번 열었어요.

(표현) 국제 대회, 국제 문제

(유의) 세계   (반의) 국내

791 그날
- that day, the day
- その日
- 那天
- ngày hôm đó

(기출) 저 식당은 **그날** 준비한 걸 다 팔면 문을 닫아요. (35회 듣기 23번)

(추천) 나는 그날 이후로 그 친구를 만나지 못했어요.

(표현) 그날 밤, 그날 오후

792 그때그때
- according to circumstances
- 時々
- 及时、随时
- tùy thời điểm

(기출) 저는 안경이 여러 개 있습니다. 그래서 **그때그때** 다른 안경을 씁니다. (35회 읽기 55번)

(추천) 저는 모르는 것이 있으면 그때그때 선생님께 물어봅니다.

(표현) 그때그때 만들다, 그때그때 외우다

793 그만두다
- quit
- やめる
- 停止
- từ bỏ

(기출) 아이는 자전거 연습을 **그만두고** 싶어 했습니다. (96회 읽기 70번)

(추천) 그는 대학을 그만두고 사업을 시작했습니다.

(표현) 그만둔 회사, 일을 그만두다 (반의) 계속하다

794 기쁘다
- happy, glad
- 嬉しい
- 高兴
- vui mừng

(기출) 그날은 아버지의 생일이었고 저는 아버지를 **기쁘게** 해 드리고 싶었습니다. (83회 읽기 69번)

(추천) 이번 시험에서 일등을 해서 정말 기뻐요.

(표현) 기쁜 일, 마음이 기쁘다

(유의) 즐겁다 (반의) 슬프다

795 기억하다
- remember
- 覚える
- 记得
- nhớ

(기출) 저는 아직도 어머니가 불러 준 노래들을 **기억합니다**. (47회 듣기 65번)

(추천) 그 사람의 이름은 잊었지만 얼굴을 기억하고 있어요.

(표현) 이름을 기억하다, 전화번호를 기억하다

(반의) 잊다

Chapter 5 출제 5순위 어휘 183

TOPIK I

796 긴팔
- long sleeve
- 長袖
- 长袖
- áo dài tay

기출 그래서 저는 밖에 나올 때 **긴팔** 옷을 한 벌 가지고 와요. (36회 듣기 17번)
추천 저는 소매가 없는 옷보다 긴팔 옷을 더 좋아해요.
표현 긴팔 셔츠, 긴팔을 입다
유의 긴소매

---

797 길이
- length
- 長さ
- 长度
- chiều dài

기출 **길이**도 짧지 않아서 좋습니다. (47회 읽기 47번)
추천 바지의 길이가 길어서 좀 줄이고 싶어요.
표현 치마의 길이, 길이가 같다, 길이가 다르다

---

798 끓이다
- heat, boil
- 沸かす
- 煮
- đun sôi

기출 라면을 **끓일** 때 스프를 늦게 넣는 것도 소금을 덜 먹는 또 하나의 방법입니다. (35회 읽기 59번)
추천 먼저 물을 끓인 후에 야채를 넣습니다.
표현 국을 끓이다, 찌개를 끓이다

---

799 나쁘다
- bad
- 悪い
- 不好、坏
- xấu

기출 내려가면서 구경하는 것도 **나쁘지** 않을 것 같은데요. (41회 듣기 24번)
추천 시험 성적이 나빠서 걱정이에요.
표현 나쁜 것, 나쁜 결과, 나쁜 소식
반의 좋다

---

800 낮잠
- nap
- 昼寝
- 午睡
- giấc ngủ trưa

기출 우리 회사에서는 **낮잠**을 잘 수 없습니다. (41회 읽기 50번)
추천 피곤할 때 잠깐 낮잠을 자면 다시 힘이 납니다.
표현 달콤한 낮잠, 낮잠이 들다

801 내려오다
- come down
- 下りる
- 下来
- xuống (từ trên)

기출 동물들은 먹을 것을 찾으려고 산에서 **내려옵니다**. (52회 읽기 60번)

추천 1층으로 내려와서 짐 좀 들어 주세요.

표현 계단을 내려오다, 밑으로 내려오다

반의 올라오다

802 내용
- content, details
- 内容
- 内容
- nội dung

기출 120 전화의 서비스 **내용** (36회 읽기 52번)

추천 책이 너무 어려워서 내용을 이해할 수 없어요.

표현 수업 내용, 내용을 말하다

803 깎다
- lower, discount
- 値切る
- 砍价、削
- giảm giá

기출 영화관도 불편한 자리는 값을 좀 **깎아** 줘야 되는 거 아니에요? (36회 듣기 23번)

추천 이 책을 두 권 사면 5천원 깎아 드릴게요.

표현 가격을 깎다, 값을 깎다

804 놀라다
- be surprised
- 驚く
- 吃惊
- ngạc nhiên

기출 저는 조금 전에 텔레비전을 보고 깜짝 **놀랐습니다**. (64회 읽기 61번)

추천 자동차 밑에서 갑자기 고양이가 튀어나와서 놀랐어요.

표현 놀란 얼굴, 소식에 놀라다

805 누구
- who
- 誰
- 谁
- ai

기출 **누구**하고 커피를 마셨어요? (35회 듣기 3번)

추천 김민수 씨가 누구입니까?

표현 누구에게, 누구의 것

TOPIK I

806 **누나**
- (for males) elder sister
- (男の使う言葉) 姉
- (女子说的话) 姐姐
- (khi con trai gọi) chị gái

(기출) **누나**는 스물세 살입니다. (52회 읽기 31번)
(추천) 나는 우리 누나보다 키가 큽니다.
(표현) 예쁜 누나, 형과 누나
(유의) 언니

---

807 **눈길**
- snowy road
- 雪道
- 雪路
- đường tuyết

(기출) 첫 번째 역에서 내리면 **눈길**을 산책하고 얼음낚시를 합니다. (37회 읽기 51번)
(추천) 추운 날씨에 눈길이 얼어서 위험하니까 조심하세요.
(표현) 눈길을 걷다, 눈길이 아름답다

---

808 **눈사람**
- snowman
- 雪だるま
- 雪人
- người tuyết

(기출) 다음 역에서는 **눈사람**을 만듭니다. 그리고 마지막 역에서는 따뜻한 차를 마십니다. (37회 읽기 51번)
(추천) 눈이 많이 내리면 친구들과 눈사람을 만들고 싶어요.
(표현) 꼬마 눈사람, 하얀 눈사람

---

809 **눕다**
- lie down
- 横になる
- 躺
- nằm

(기출) 집에서 영화를 보면 **누워서** 볼 수 있습니다. (35회 읽기 46번)
(추천) 잠을 자려고 방에 누웠는데 부엌에서 소리가 났어요.
(표현) 바닥에 눕다, 침대에 눕다

---

810 **느낌**
- feeling, impression
- 感じ
- 感觉
- cảm giác

(기출) 사람을 처음 만날 때는 부드러운 **느낌**의 안경을 씁니다. (35회 읽기 55번)
(추천) 이 화장품을 사용해 본 느낌이 어때요?
(표현) 나쁜 느낌, 느낌이 오다, 느낌이 좋다
(유의) 기분

811 늦어지다
- be late
- 遅くなる
- 变晚、误点
- bị trễ

기출) 한 시인데 날씨 때문에 출발 시간이 **늦어졌어요**. (41회 듣기 20번)
추천) 일이 많아서 평소보다 퇴근 시간이 늦어졌습니다.
표현) 도착이 늦어지다, 식사가 늦어지다
유의) 지연되다

812 다행
- being fortunate
- 幸い
- 幸好、万幸
- may mắn

기출) 지갑을 다시 찾아서 정말 **다행**이었습니다. (37회 읽기 57번)
추천) 수업에 늦을 것 같아서 걱정했는데 늦지 않아서 다행이에요.
표현) 그중 다행, 다행으로 생각하다

813 대신
- substitute
- 代わりに
- 代替
- thay thế

기출) 그 **대신** 마을 사람들의 집에서 식사를 하면서 재미있는 이야기를 듣습니다. (36회 읽기 67번)
추천) 배가 별로 안 고프니까 밥 대신에 빵을 먹을까요?
표현) 동생 대신, 이것 대신

814 대학생
- college student
- 大学生
- 大学生
- sinh viên

기출) 민수 씨는 **대학생**입니다. (37회 읽기 34번)
추천) 저는 작년에 고등학교를 졸업하고 올해 대학생이 됐습니다.
표현) 남자 대학생, 여자 대학생

815 댁
- home (polite form)
- お宅
- 家（敬称）
- nhà (kính ngữ)

기출) 저는 시간이 날 때마다 할머니 **댁**에 가서 책과 신문을 읽어 드립니다. (41회 읽기 53번)
추천) 선생님은 학생들을 댁으로 초대해 주셨어요.
표현) 사장님 댁, 할아버지 댁, 댁으로 찾아뵙다
유의) 집

TOPIK I

816 더러워지다
- become dirty
- 汚れる
- 变脏
- bị bẩn

(기출) 지폐는 잘 **더러워집니다**. (35회 읽기 62번)
(추천) 더러워진 옷은 세탁기에 넣어 주세요.
(표현) 더러워진 신발, 손이 더러워지다
(반의) 깨끗해지다

---

817 덜
- less
- 少ない
- （比平时…得）少
- ít hơn

(기출) 라면을 끓일 때 스프를 늦게 넣는 것도 소금을 **덜** 먹는 또 하나의 방법입니다. (35회 읽기 59번)
(추천) 저는 평소보다 잠을 덜 자서 피곤해요.
(표현) 덜 읽다, 덜 춥다 (반의) 더

---

818 덥다
- hot
- 暑い
- 热
- nóng

(기출) 서울이 제일 **덥습니다**. (41회 읽기 40번)
(추천) 교실이 너무 더운데 창문을 좀 열어 줄래요?
(표현) 더운 날씨, 더운 여름
(반의) 춥다

---

819 데리다
- bring with
- （引き）連れる
- 带
- đưa đi

(기출) 그럼 내일 아이도 **데리고** 오세요. (37회 듣기 29번)
(추천) 엄마는 동생을 데리러 유치원에 갔습니다.
(표현) 데리러 가다, 데리고 다니다

---

820 도착
- arrival
- 到着
- 到达
- đến nơi

(기출) **도착** 장소에서 모자를 받습니다. (96회 읽기 56번)
(추천) 길이 막혀서 버스 도착이 늦어지고 있어요.
(표현) 도착 날짜, 도착을 하다, 도착이 늦어지다
(반의) 출발

821 뒷자리
- backseat
- 後ろの席
- 后座
- chỗ ngồi phía sau

기출 앞자리나 **뒷자리**는 영화 볼 때 좀 불편하죠. (36회 듣기 23번)

추천 저는 뒷자리에 앉으면 눈이 나빠서 칠판이 잘 보이지 않아요.

표현 교실 뒷자리, 뒷자리로 가다

반의 앞자리

822 따라가다
- match, follow
- 付いて行く
- 跟上
- bắt kip

기출 사람의 몸은 이 온도 차이를 잘 **따라가지** 못해서 쉽게 피곤해집니다. (83회 읽기 67번)

추천 전공 공부가 너무 어려워서 따라가기가 힘들어요.

표현 뒤를 따라가다, 친구를 따라가다

823 떠나다
- leave
- 去る，出る
- 离开、去
- rời đi

기출 저는 마리 씨가 **떠나서** 슬펐습니다. (52회 읽기 46번)

추천 우리는 새로운 집을 찾아서 떠났습니다.

표현 여행을 떠나다, 집에서 떠나다

824 또한
- also, and
- または
- 还有
- cùng với đó

기출 **또한** 외국어로 관광 안내도 받을 수 있습니다. (36회 읽기 51번)

추천 엄마가 행복하면 아이들도 또한 행복합니다.

표현 그 또한, 너 또한

유의 역시

825 똑같다
- same
- 同じだ，そっくりだ
- 一样
- giống nhau

기출 또 청바지와 흰색 티셔츠를 좋아하는 것도 **똑같습니다**. (36회 읽기 53번)

추천 우리 반에는 제 이름과 똑같은 이름을 가진 사람이 두 명 있습니다.

표현 똑같은 가방, 똑같이 생기다

유의 같다 **반의** 다르다

Chapter 5 출제 5순위 어휘

TOPIK I

826 라디오
- radio
- ラジオ
- 收音机
- đài radio

（기출） 저는 아침에 **라디오**를 듣고 싶습니다.
(41회 읽기 48번)

（추천） 어제 라디오 프로그램에 제가 좋아하는 가수가 나왔어요.

（표현） 라디오 소리, 라디오를 켜다

---

827 막다
- prevent
- 防ぐ
- 防止、阻止
- ngăn chặn

（기출） 물이 빨리 없어지는 것을 **막으려면** 화분을 한곳에 모아 놓아야 합니다.
(37회 읽기 67번)

（추천） 이웃집에 줄 수 있는 피해를 막기 위해서 아이들이 집에서 뛰지 못하게 합니다.

（표현） 미리 막다, 사고를 막다

---

828 맑다
- clear
- 清い、晴れる
- 清澈、晴朗
- trong trẻo, sáng sủa

（기출） 내일은 날씨가 **맑겠습니다**. (64회 읽기 44번)

（추천） 가을 하늘이 맑고 깨끗해요.

（표현） 맑은 하늘, 물이 맑다

（유의） 깨끗하다, 밝다　（반의） 흐리다

---

829 맛없다
- not delicious
- 美味しくない
- 不好吃
- không ngon

（기출） 아버지의 요리는 맛있을 때도 있고 **맛없을** 때도 있었습니다.
(41회 읽기 69번)

（추천） 저는 요리를 잘 못해서 제가 요리하면 항상 맛없어요.

（표현） 맛없는 것, 맛없어 보이다, 음식이 맛없다　（반의） 맛있다

---

830 맞다
- fit
- 合う
- 合适
- vừa vặn

（기출） 신발이 안 **맞을** 때는 빨리 바꿔야 합니다.
(52회 듣기 24번)

（추천） 옷이 몸에 안 맞아서 불편해요.

（표현） 꼭 맞다, 발에 맞다

831 맡기다
- entrust
- 任せる
- 托付
- giao phó

기출 입구에 사진기 **맡기는** 곳이 있습니다.
(35회 읽기 18번)

추천 저는 호텔에 큰 여행 가방을 맡기고 쇼핑을 했습니다.

표현 일을 맡기다, 짐을 맡기다

832 매표소
- ticket office
- 切符売り場
- 售票处
- quầy vé

기출 공항버스 **매표소**에서 그것으로 표를 살 수 있기 때문입니다.
(41회 읽기 58번)

추천 놀이공원에 들어가는 표를 사고 싶은데 매표소가 어디에 있어요?

표현 영화관 매표소, 입장권 매표소

833 멋지다
- fine, cool
- 素敵だ
- 漂亮、不错
- tuyệt vời

기출 이렇게 **멋진** 모습으로 사진을 찍을 수 있기 때문에 친구들에게도 소개할 생각입니다. (37회 읽기 69번)

추천 저도 선생님처럼 멋진 사람이 되고 싶어요.

표현 멋진 그림, 옷이 멋지다 **유의** 멋있다

834 메모하다
- make a memo, take notes
- メモする
- 记
- ghi chú

기출 잊어버린 일들은 자기 전에 **메모합니다**. (37회 읽기 66번)

추천 회의할 때 사람들이 하는 말을 모두 메모했어요.

표현 메모한 종이, 노트에 메모하다, 전화번호를 메모하다

유의 쓰다, 적다

835 며칠
- days
- 何日
- 几天
- mấy ngày

기출 **며칠** 동안 주무실 거예요?
(37회 읽기 7번)

추천 저는 며칠 전에 차가 고장이 나서 버스를 타고 다닙니다.

표현 며칠 후, 며칠이 걸리다, 며칠이 지나다

TOPIK I

836 목
- neck
- 首
- 脖子
- cổ

(기출) 그런데 너무 앞자리라서 **목**이 좀 아팠어요.
(36회 듣기 23번)

(추천) 날씨가 춥지만 목도리를 하니까 목이 따뜻해요.

(표현) 목 운동, 목이 길다

837 무척
- very
- 非常に
- 非常
- rất

(기출) 저는 그 나무가 **무척** 보고 싶을 겁니다. (36회 읽기 69번)

(추천) 우리 아이는 이 인형을 무척 좋아해서 잠도 같이 잡니다.

(표현) 무척 크다, 무척 힘들다

(유의) 아주, 매우

838 문제
- question, problem
- 問題
- 问题
- vấn đề

(기출) 왜 그러세요? 무슨 **문제**가 있으세요?
(64회 듣기 23번)

(추천) 이 수학 문제는 너무 어려워서 풀지 못하겠어요.

(표현) 시험 문제, 어려운 문제, 문제가 쉽다

839 뮤지컬
- musical
- ミュージカル
- 音乐剧
- nhạc kịch

(기출) 사실 연극이나 **뮤지컬**은 자리마다 값이 좀 다르잖아요.
(36회 듣기 23번)

(추천) 저 뮤지컬 배우는 춤도 잘 추고 노래도 잘 불러요.

(표현) 뮤지컬 공연, 뮤지컬 무대, 뮤지컬을 보다

840 미래
- future
- 未来
- 未来
- tương lai

(기출) **미래**의 직업 (35회 읽기 52번)

(추천) 미래에 어떤 일을 하고 싶어요?

(표현) 먼 미래, 미래의 꿈

(유의) 앞날 (반의) 과거

841 **미용사**
- hairdresser
- 美容師
- 美容师
- thợ làm tóc

기출 김지호 씨는 **미용사**입니다. 도시의 큰 미용실에서 일하고 있습니다.
(36회 읽기 67번)

추천 우리 미용실에 새로 온 미용사는 멋있고 친절해서 인기가 많아요.

표현 미용사 시험, 미용사가 되다   **유의** 헤어 디자이너

---

842 **바닥**
- bottom, floor
- 底，床
- 地板
- sàn, đáy

기출 소금물에 넣었을 때 달걀이 그릇 **바닥**에 있으면 신선한 것입니다.
(52회 읽기 58번)

추천 가방이 무거우면 바닥에 내려놓으세요.

표현 거실 바닥, 교실 바닥, 바닥에 앉다   **반의** 천장

---

843 **밝다**
- bright
- 明るい
- 明亮、明朗
- sáng

기출 자유롭고 **밝은** 분위기 때문에 젊은 사람들이 이곳을 많이 찾고 있습니다.
(36회 읽기 61번)

추천 동생은 성격이 밝아서 같이 이야기하면 제 기분도 좋아져요.

표현 밝은 음악, 밝은 표정, 밝게 웃다   **반의** 어둡다

---

844 **밤늦다**
- late at night
- 夜遅い
- 夜深
- khuya

기출 (운동할) 시간이 없으면 **밤늦게** 하거나 아침 일찍 해도 돼요.
(60회 듣기 27번)

추천 내일 시험이 있어서 밤늦게까지 시험 공부를 하고 있어요.

표현 밤늦은 시간, 밤늦게 자다

---

845 **방문**
- room door
- ドア
- 房门
- cửa

기출 집안에서 공기가 잘 통할 수 있게 **방문**을 열어 놓으면 좋습니다.
(37회 읽기 67번)

추천 추우니까 방문과 창문을 잘 닫고 자야 합니다.

표현 열린 방문, 방문이 잠기다

TOPIK I

846 배달
- delivery
- 配達
- 配送、送货
- giao hàng

기출 가격은 **배달** 비용을 포함해서 15,000원입니다. (36회 읽기 63번)
추천 이 마트에서는 삼만 원 이상 사면 배달을 해 줘요.
표현 피자 배달, 배달이 되다, 배달을 시키다
유의 배송

847 배달하다
- deliver
- 配達する
- 送
- giao hàng

기출 요즘 **배달할** 물건이 많아서 도착 시간을 말씀드리기 좀 어렵네요. (37회 듣기 24번)
추천 학교 앞에 생긴 카페에서 음료수도 배달해 주는데 주문할까요?
표현 배달하는 사람, 음식을 배달하다

848 백
- hundred
- 百
- 百
- túi

기출 천오**백** 원입니다. (91회 읽기 40번)
추천 우유 한 개에 이천육백 원입니다.
표현 백 원(100원), 천 원(1,000원), 만 원(10,000원)

849 벌
- pair (unit noun)
- 着（単位）
- 套
- chiếc (đơn vị của quần áo)

기출 그래서 저는 밖에 나올 때 긴팔 옷을 한 **벌** 가지고 와요. (36회 듣기 17번)
추천 친구의 결혼식에 가야 해서 예쁜 옷을 한 벌 사야겠어요.
표현 바지 한 벌, 치마 세 벌

850 벗다
- take off
- 脱ぐ
- 脱
- cởi

기출 저는 사람을 만날 때 안경을 **벗습니다**. (35회 읽기 56번)
추천 한국에서는 집에 들어갈 때 신발을 벗어야 합니다.
표현 구두를 벗다, 모자를 벗다
반의 입다, 쓰다, 신다

851 부드럽다
- soft
- 柔らかい
- 柔软
- mềm mại

(기출) 옷을 빨 때 설탕을 넣으면 하얀색 옷이 더 깨끗해지고 설탕과 레몬을 같이 넣으면 옷이 **부드러워집니다**. (60회 읽기 65번)

(추천) 이 옷은 만지면 부드러워서 기분이 좋아요.

(표현) 부드러운 느낌, 피부가 부드럽다 (반의) 거칠다

852 불다
- blow
- 吹く
- 刮风、吹
- thổi (gió)

(기출) 춥고 바람도 많이 **불어요**.
(91회 듣기 13번)

(추천) 바람이 많이 부는 날에는 밖에 나가지 마세요.

(표현) 세게 불다, 태풍이 불다

853 비빔밥
- Bibimbap (Korean dish)
- ビビンバ（韓国料理）
- 拌饭（韩国料理）
- cơm trộn (món ăn Hàn Quốc)

(기출) 여기는 **비빔밥**이 맛있어요.
(83회 듣기 8번)

(추천) 비빔밥에는 건강에 좋은 재료가 많이 들어가요.

(표현) 비빔밥 재료, 비빔밥을 먹다

854 비용
- cost
- 費用
- 费用
- chi phí

(기출) 책값에 배달 **비용**도 들어 있습니다.
(36회 읽기 64번)

(추천) 유학할 때 비용이 많이 필요해서 아르바이트를 하면서 돈을 모으고 있어요.

(표현) 결혼 비용, 여행 비용, 비용을 쓰다

855 빠르다
- fast
- 速い
- 快
- nhanh

(기출) 간단하고 **빠르게** 만들 수 있는 요리를 가르쳐 줘요. (96회 듣기 27번)

(추천) 길이 막히니까 지하철을 타는 것이 더 빠를 거예요.

(표현) 말이 빠르다, 비행기가 빠르다

(반의) 느리다

TOPIK I

856 빨간색
- red
- 赤色, 赤
- 红色
- màu đỏ

- 기출) **빨간색** 옷을 입으면 돈을 내지 않고 들어갑니다. (41회 듣기 18번)
- 추천) 나는 빨간색 티셔츠가 잘 어울린다.
- 표현) 밝은 빨간색, 빨간색 글씨, 빨간색 사과

857 사고팔다
- buy and sell
- 売買する
- 买卖
- mua bán

- 기출) 사람들은 주말마다 이곳에서 자기가 안 쓰는 물건이나 직접 만든 물건을 **사고팝니다**. (36회 읽기 61번)
- 추천) 주말에는 공원에서 물건을 사고파는 작은 시장이 열립니다.
- 표현) 서로 사고팔다, 책을 사고팔다

858 사귀다
- get along with
- 付き合う
- 交往
- hẹn hò

- 기출) 저는 친구를 많이 **사귀고** 싶습니다. (60회 읽기 47번)
- 추천) 오랫동안 사귄 여자 친구와 헤어졌어요.
- 표현) 사귀는 사람, 둘이 사귀다, 새로 사귀다
- 반의) 헤어지다

859 사실
- actually
- 事実
- 其实、实际
- Thật ra, sự thật

- 기출) **사실** 제가 사람들 앞에서 긴장을 많이 해요. (52회 듣기 29번)
- 추천) 사실 우리 어머니처럼 나를 사랑해 주시는 분은 없어요.
- 표현) 사실이지, 사실 말이지
- 유의) 정말

860 사인
- signature
- サイン
- 签名
- chữ ký

- 기출) 유명한 만화가의 **사인**도 받을 수 있습니다. (36회 읽기 65번)
- 추천) 여기에 사인을 해 주시면 됩니다.
- 표현) 가수 사인, 연예인 사인
- 유의) 서명

861 산새
- mountain bird
- 山鳥
- 山鸟
- chim rừng

기출 토끼나 **산새**들이 다 먹은 것입니다.
(52회 읽기 59번)

추천 산새들이 나무 위에 앉아 노래하고 있어요.

표현 산새 소리, 산새가 울다

862 삼계탕
- samgyetang (Korean dish)
- サムゲタン (韓国料理)
- 参鸡汤 (韩国料理)
- gà hầm sâm (món ăn Hàn Quốc)

기출 다음에 **삼계탕** 한번 먹으러 가야겠어요.
(35회 듣기 23번)

추천 한국 사람들은 더운 여름에 삼계탕을 먹고 힘을 내요.

표현 뜨거운 삼계탕, 삼계탕을 끓이다

863 상대
- opponent, counterpart
- 相手
- 对方
- đối thủ

기출 다음 **상대** 팀이 너무 잘해서요.
(37회 듣기 22번)

추천 대화를 할 때 상대의 말을 잘 들어야 해요.

표현 상대를 이기다, 상대에게 지다

864 새집
- new house
- 新しい家
- 新家、新房
- nhà mới

기출 **새집**에서 친구와 저녁을 먹었습니다.
(47회 읽기 43번)

추천 새집으로 이사했는데 집들이는 언제 할 거예요?

표현 새집 청소, 새집을 사다

865 생신
- birthday (polite form)
- お誕生日
- 生日 (敬称)
- sinh nhật (kính ngữ)

기출 다음 주가 아버지 **생신**인데 뭐 특별한 선물 없을까요? (36회 듣기 20번)

추천 이번 엄마 생신에 특별한 선물을 드리고 싶어요.

표현 생신 선물, 할머니 생신   **유의** 생일

TOPIK I

866 서다
- stand
- 立つ
- 站
- đứng

기출 저는 우산이 없어서 그냥 건물 앞에 **서** 있었습니다. (36회 읽기 58번)

추천 손님이 많아서 식당 앞에 서서 한 시간 이상 기다렸어요.

표현 서 있는 사람, 두 발로 서다

유의 일어나다, 일어서다

---

867 서로
- each other
- お互い
- 互相
- lẫn nhau

기출 **서로** 도와주면서 일을 해야 합니다. (47회 듣기 23번)

추천 친구와 싸운 후에 서로 미안하다고 사과했어요.

표현 서로 믿다, 서로 친하다 **유의** 서로서로

---

868 선택하다
- choose
- 選ぶ
- 选择
- chọn lựa

기출 저는 어떤 것을 **선택할** 때 오랫동안 생각만 하고 빨리 결정하지 못합니다. (41회 읽기 65번)

추천 이것이 좋아요? 아니면 저것이 좋아요? 선택해 주세요.

표현 선택한 것, 전공을 선택하다, 직업을 선택하다

유의 고르다, 뽑다

---

869 세상
- world
- 世の中
- 世界
- thế giới

기출 친구가 만든 종이컵은 **세상**에 하나만 있습니다. (35회 읽기 49번)

추천 세상에서 가장 높은 건물은 무엇입니까?

표현 넓은 세상, 세상 구경 **유의** 세계

---

870 소고기
- beef
- 牛肉
- 牛肉
- thịt bò

기출 **소고기**와 여러 가지 채소가 들어 있기 때문에 맛도 좋고 건강에도 좋습니다. (36회 읽기 55번)

추천 어머니께서 소고기로 맛있는 음식을 만들어 주셨어요.

표현 소고기 국, 소고기 불고기 **유의** 쇠고기

871 **소중하다**
- valuable, precious
- 大切だ
- 珍贵、宝贵
- quý giá

기출 저에게는 지금 이 시간이 정말 **소중하고** 행복합니다.
(83회 읽기 61번)

추천 아버지가 선물로 주신 이 시계가 저에게 제일 소중한 물건입니다.

표현 소중한 가족, 소중한 경험, 소중한 친구

---

872 **소화**
- digestion
- 消化
- 消化
- tiêu hóa

기출 이것은 식혜가 **소화**를 도와주기 때문입니다.
(35회 읽기 65번)

추천 밤늦게 음식을 먹으면 소화가 되지 않습니다.

표현 소화를 시키다, 소화가 잘되다

---

873 **속**
- inside
- 中
- 内、里
- bên trong

기출 거울 **속**의 제 모습이 마음에 들었습니다. (37회 읽기 69번)

추천 시험을 시작하기 전에 책은 모두 가방 속에 넣어야 합니다.

표현 건물 속, 상자 속, 주머니 속

유의 안 **반의** 겉, 밖

---

874 **수건**
- towel
- 手ぬぐい, タオル
- 毛巾
- khăn tắm

기출 **수건**을 화분 안에 넣어 놓아야 합니다. (37회 읽기 68번)

추천 세수를 한 후에 수건으로 잘 닦으세요.

표현 깨끗한 수건, 수건 한 장, 수건을 쓰다

유의 타월

---

875 **숙제하다**
- do homework
- 宿題をする
- 做作业
- làm bài tập

기출 같이 **숙제해요**.
(64회 듣기 4번)

추천 집에 와서 숙제하고 저녁을 먹습니다.

표현 숙제한 것, 열심히 숙제하다

TOPIK I

876 숫자
- number
- 数字
- 数字
- số

기출 그래서 **숫자** 2로 이름을 지어 주셨습니다. (41회 읽기 61번)

추천 저는 전화번호 같은 숫자를 잘 기억하지 못해요.

표현 숫자 놀이, 숫자를 세다

877 시내
- downtown
- 市内
- 市内
- trung tâm thành phố

기출 서울 **시내**는 복잡하지만 밤경치가 아름답습니다. (37회 읽기 53번)

추천 주말에 시내 영화관에 가서 친구와 영화를 봤어요.

표현 복잡한 시내, 시내로 나가다

유의 도심 **반의** 시외

878 시작되다
- start
- 始まる
- 开始
- bắt đầu

기출 축제는 올해 처음으로 **시작됐습니다**. (52회 읽기 64번)

추천 수업이 시작되기 전에 교실에 도착해야 해요.

표현 시험이 시작되다, 회의가 시작되다

유의 시작하다 **반의** 끝나다

879 식사하다
- have a meal
- 食事する
- 吃饭
- ăn cơm

기출 일어나서 **식사하세요**. (41회 듣기 15번)

추천 아직 식사하지 않았으면 저하고 같이 먹으러 가요.

표현 식사하는 곳, 식사하는 습관, 밖에서 식사하다

880 신나다
- be exciting
- よろこぶ、楽しい
- 开心、来劲
- hứng khởi, hứng thú

기출 공연은 정말 **신나고** 좋았습니다. (64회 읽기 49번)

추천 오늘부터 신나는 여름 방학이 시작됩니다.

표현 신나는 음악, 신난 아이들, 신나서 웃다

유의 기쁘다, 즐겁다

881 신문
- newspaper
- 新聞
- 报纸
- báo

기출 신문에서 보니까 자전거 도로에서도 사고가 많이 나는 것 같아요.
(41회 듣기 22번)

추천 요즘은 인터넷으로 신문을 보는 사람들이 많아요.

표현 신문 기사, 종이 신문

882 신청서
- application form
- 申請書, 申込書
- 申请书
- đơn đăng ký

기출 여기 신청서부터 먼저 써 주세요.
(36회 듣기 19번)

추천 수업을 듣고 싶은 학생들은 이 신청서를 써야 됩니다.

표현 가입 신청서, 신청서를 작성하다

883 쓰기
- writing
- 書き取り
- 写作
- viết

기출 내일 쓰기 시험을 볼 때 이 볼펜을 사용하려고 합니다.
(41회 읽기 57번)

추천 내일은 학교에서 편지 쓰기 행사가 있습니다.

표현 쓰기 수업, 쓰기 숙제, 쓰기를 잘하다

884 아래
- bottom, lower part
- 下
- 下
- dưới

기출 은행 아래에 빵집이 있습니다.
(62회 읽기 41번)

추천 교실 책상 아래에서 잃어버린 시계를 찾았어요.

표현 다리 아래, 하늘 아래

유의 밑 **반의** 위

885 아마
- maybe, probably
- 恐らく, 多分
- 也许、可能
- có lẽ

기출 아마 (41회 읽기 37번)

추천 아마 다음 달부터 날씨가 조금씩 따뜻해질 거예요.

표현 아마 갈 거다, 아마 그럴 거다

유의 아마도, 어쩌면

TOPIK I

886 아이스크림
- ice cream
- アイスクリーム
- 冰淇淋
- kem

(기출) 배가 고프면 길에서 김밥이나 **아이스크림**을 사 먹을 수도 있습니다. (36회 읽기 61번)
(추천) 아이스크림을 많이 먹으면 배탈이 날 수 있어요.
(표현) 과일 아이스크림, 차가운 아이스크림

887 안내소
- information desk
- 案内所、インフォメーションセンター
- 问讯处
- quầy thông tin

(기출) 남자는 관광 **안내소**의 위치를 알려 줬습니다. (41회 듣기 19번)
(추천) 여행 안내소에 가면 그 지역의 지도를 얻을 수 있습니다.
(표현) 방문 안내소, 종합 안내소, 안내소를 찾아가다

888 안내원
- guide, receptionist
- 案内係
- 提供介绍、解说或做向导的工作人员
- hướng dẫn viên

(기출) 그때 **안내원**이 방송을 해서 지갑을 찾아 주었습니다. (37회 읽기 57번)
(추천) 저는 우리나라에 여행 오는 외국인 관광객을 안내하는 관광 안내원이 되고 싶어요.
(표현) 안내원의 설명, 안내원을 따라가다
(유의) 가이드

889 알아보다
- investigate, look into
- 調べる
- 调查、了解
- tìm hiểu

(기출) 거기에 가서 **알아보면** 더 좋은 곳이 있을 수도 있어요. (60회 듣기 24번)
(추천) 우리는 여행 정보를 알아보기 위해 인터넷을 사용했어요.
(표현) 알아본 정보, 위치를 알아보다
(유의) 조사하다

890 얇다
- thin
- 薄い
- 薄
- mỏng

(기출) 여자는 밤에 옷을 **얇게** 입습니다. (36회 듣기 17번)
(추천) 이 종이는 얇으니까 조심해서 쓰세요.
(표현) 얇은 옷, 얇은 티셔츠 (반의) 두껍다

891 **어느**
- one, certain
- ある
- 有一个
- nào đó

(기출) 어느 날 회사 일이 끝나고 집에 가는데 갑자기 비가 왔습니다.
(36회 읽기 58번)

(추천) 이 그림은 옛날 어느 친구가 저에게 선물해 준 것입니다.

(표현) 어느 곳, 어느 마을

---

892 **어떡하다**
- do how/what
- どうする
- 怎么办
- làm thế nào

(기출) 저는 금요일에 약속이 있는데 **어떡하죠**? 다음에는 꼭 갈게요.
(36회 듣기 18번)

(추천) 내일 소풍을 가는데 계속 비가 오면 어떡해요?

(표현) 어떡하다가, 어떡하면 좋다

---

893 **어머**
- oh my goodness
- あら
- 哎呀
- trời ơi

(기출) **어머**, 그래요?
(36회 듣기 16번)

(추천) 어머, 정말 오랜만이에요.

---

894 **어울리다**
- harmonize, suit
- 似合う
- 适合、合适、相配
- phù hợp

(기출) 저에게 **어울리는** 옷도 빌려 주었습니다.
(37회 읽기 69번)

(추천) 저는 긴 머리보다 짧은 머리가 더 잘 어울리는 것 같아요.

(표현) 어울리는 모자, 어울리는 색깔

---

895 **엄마**
- mom
- お母さん
- 妈妈
- mẹ

(기출) 아이와 **엄마**, 아빠가 음식을 함께 만들어요. (36회 읽기 42번)

(추천) 저는 아빠보다 엄마를 더 많이 닮았습니다.

(표현) 아이 엄마, 우리 엄마

(유의) 어머니　(반의) 아빠

TOPIK I

896 없어지다
- disappear, be lost
- 無くなる
- 消失
- mất đi

(기출) 물이 빨리 **없어지는** 것을 막으려면 화분을 한곳에 모아 놓아야 합니다. (37회 읽기 67번)
(추천) 여기에 안경이 있었는데 갑자기 없어졌어요.
(표현) 없어진 물건, 사람이 없어지다
(유의) 사라지다 (반의) 나타나다

---

897 여기저기
- here and there
- あちこち
- 到処
- khắp nơi

(기출) 주말마다 서울 **여기저기**를 다닙니다. (36회 읽기 57번)
(추천) 열쇠가 없어져서 여기저기 다 찾아봤지만 안 보여요.
(표현) 집안 여기저기, 여기저기 돌아다니다
(유의) 이곳저곳

---

898 영국
- the United Kingdom
- イギリス
- 英国
- Anh

(기출) 저는 한국 사람이지만 **영국**에서 살고 있습니다. (41회 읽기 43번)
(추천) 영국 런던에 가 보고 싶어요.
(표현) 영국 사람, 영국 음식

---

899 오래되다
- old, long
- 古い
- 很久
- cũ

(기출) 아버지의 가방은 **오래되었습니다**. (52회 읽기 47번)
(추천) 그 친구와 저는 알고 지낸 지 오래되었습니다.
(표현) 오래된 건물, 오래된 사이, 집이 오래되다
(반의) 새롭다

---

900 온몸
- whole body
- 全身
- 全身
- toàn thân

(기출) 사람들은 걸을 때 **온몸**이 움직이게 됩니다. (41회 읽기 60번)
(추천) 운동을 한 후에 온몸이 아프기 시작했어요.
(표현) 온몸 운동, 온몸이 건강하다 (유의) 전신

901 올림
- Sincerely Yours
- 拜
- 敬上
- trân trọng

기출 학생회장 김유미 **올림** (35회 읽기 63번)

추천 예쁜 딸 수미 올림

표현 민수 올림, 영철 올림

유의 드림

902 올해
- this year
- 今年
- 今年
- năm nay

기출 다음 주 금요일에 열리는 '동아리 발표회' 행사가 **올해**는 체육관에서 열립니다. (60회 듣기 25번)

추천 올해는 좋은 일만 있으면 좋겠어요.

표현 올해 계획, 올해를 시작하다

유의 금년

903 왜냐하면
- because
- なぜなら
- 因为
- bởi vì

기출 **왜냐하면** 지하철은 편리하기 때문입니다. (36회 읽기 56번)

추천 오늘은 일찍 학교에 가야 해요. 왜냐하면 시험이 있기 때문이에요.

표현 왜냐하면 …기 때문이다

904 외롭다
- lonely
- 寂しい
- 孤独
- cô đơn

기출 **외롭지** 않고 행복합니다. (41회 읽기 61번)

추천 가족과 헤어져서 혼자 사니까 너무 외로워요.

표현 외로운 사람, 외로운 생활

905 용품
- goods
- 用品
- 用品
- dụng cụ

기출 어린이 **용품** (36회 읽기 63번)

추천 민수는 미술 용품을 사러 문구점에 갔어요.

표현 아기 용품, 자동차 용품

유의 물건

Chapter 5 출제 5순위 어휘   205

TOPIK I

906 우선
- first of all
- 先ず
- 先、暂先
- trước tiên

(기출) 행사장 준비가 아직 안 끝났으니까 **우선** 사무실로 가지고 오는 게 좋을 것 같아요. (36회 듣기 21번)

(추천) 밥을 먹기 전에 우선 손을 씻어야 해요.

(표현) 우선 시작하다, 우선 해 보다

(유의) 먼저 (반의) 나중

907 위
- top, higher part
- 上
- 上
- trên

(기출) 남자는 행사 때 쓸 물건을 책상 **위**에 놓았습니다. (36회 듣기 21번)

(추천) 등산을 시작했으면 산 위에까지 올라가야 합니다.

(표현) 머리 위, 위와 아래, 위로 올라가다

(반의) 아래

908 은행원
- bank teller
- 銀行員
- 银行职员
- nhân viên ngân hàng

(기출) 어머니는 **은행원**입니다.
(37회 읽기 32번)

(추천) 통장을 만들려면 은행원에게 물어보세요.

(표현) 친절한 은행원, 은행원이 되다

909 음료수
- soft drink, beverage
- 飲み物
- 饮料
- nước uống

(기출) 땀을 흘리는 아이에게 시원한 **음료수**를 주는 사람도 있었습니다.
(96회 읽기 69번)

(추천) 방문하신 분들을 위해 과자와 음료수를 준비했습니다.

(표현) 빵과 음료수, 음료수를 마시다

910 일본
- Japan
- 日本
- 日本
- Nhật Bản

(기출) 저는 **일본**에서 왔습니다. 친구는 미국에서 왔습니다.
(60회 읽기 31번)

(추천) 저는 방학에 일본으로 여행을 갔습니다.

(표현) 일본 사람, 일본 여행, 일본 음식

911 일본어
- Japanese
- 日本語
- 日语
- tiếng Nhật

기출 지금은 **일본어**를 배우고 있습니다. (41회 읽기 43번)

추천 일본어를 배우는 외국인이 많습니다.

표현 일본어 공부, 일본어로 말하다

912 입구
- entrance
- 入口
- 入口
- cửa vào

기출 공원에 **입구**가 한 개 있습니다. (91회 읽기 41번)

추천 지하철역 입구가 어디에 있어요?

표현 입구를 찾다, 입구에서 만나다

반의 출구

913 입학
- admission to a school
- 入学
- 入学
- nhập học

기출 어린이 통장요? 요즘 **입학** 때라 많이들 만드시네요. (37회 듣기 29번)

추천 여러분의 대학 입학을 축하합니다.

표현 입학 선물, 학교 입학, 입학을 하다

반의 졸업

914 자유롭다
- free
- 自由だ
- 自由
- tự do

기출 **자유롭게** 여행하고 싶어서 계획을 세우지 않고 여기저기 가고 싶은 곳을 다니고 있습니다. (83회 읽기 61번)

추천 다른 의견이 있으면 자유롭게 말해 보세요.

표현 자유로운 생활, 자유롭게 살다

915 잔치
- party
- 宴, 祭り, パーティー
- 宴会
- tiệc

기출 모임이나 **잔치**에 가면 식혜를 만듭니다. (35회 읽기 60번)

추천 다음 주에 할머니의 생신 잔치를 할 거예요.

표현 생일 잔치, 잔치를 열다

유의 파티

TOPIK I

916 잘되다
- go well
- よくできる, うまくいく
- 好
- thuận lợi, tốt

기출 도로에서 자전거를 탈 때마다 위험했는데 **잘됐네요**. (41회 듣기 22번)
추천 요즘 가게 일이 잘돼서 몸은 피곤하지만 기분은 좋아요.
표현 공부가 잘되다, 사업이 잘되다
반의 안되다

917 잘못
- wrong
- 誤り, 間違え
- 错误
- sai lầm

기출 그러면 **잘못** 쓴 글을 쉽게 지울 수가 있어서 편할 것 같습니다. (41회 읽기 57번)
추천 선생님께서 제 숙제를 보시고 잘못 쓴 것을 알려 주셨어요.
표현 잘못을 하다, 잘못이 없다　**유의** 실수

918 잘못하다
- do wrong, make a mistake
- 間違える
- 做错
- làm sai

기출 하루의 **잘못한** 일을 써서 정리합니다. (37회 읽기 66번)
추천 제가 거짓말을 했어요. 정말 잘못했습니다.
표현 잘못한 것, 계산을 잘못하다

919 잡지
- magazine
- 雜誌
- 杂志
- tạp chí

기출 잡지 (37회 읽기 36번)
추천 저는 매달 패션 잡지를 사서 읽어요.
표현 여성 잡지, 잡지를 보다

920 장
- sheet (unit noun)
- 枚（単位）
- 张（量词）
- tờ (Đơn vị)

기출 다섯 시 영화 표, 두 **장** 주세요. (36회 듣기 8번)
추천 종이가 좀 필요한데 한 장만 빌려 주세요.
표현 몇 장, 여러 장

921 저기
- that place
- あそこ
- 那里
- ở đó

기출 손님, 두 분이세요? **저기** 안쪽 자리 어떠세요? (60회 듣기 23번)
추천 저기 보이는 건물은 이름이 뭐예요?
표현 저기 동네, 저기 식당   **유의** 저곳

922 저런
- such, that kind of, like that
- そんな
- 那样
- như thế

기출 우리 회사 근처에 **저런** 유명한 식당이 있었네요. (35회 듣기 23번)
추천 저런 디자인은 저에게 잘 어울리지 않아요.
표현 저런 것, 저런 사람

923 저쪽
- that side
- あちら
- 那边
- bên đó

기출 여기는 축구를 하는 학생들이 있으니까 **저쪽**으로 가요. (35회 듣기 10번)
추천 이쪽은 사람이 많으니까 저쪽으로 가서 앉는 것이 어때요?
표현 저쪽 끝, 저쪽에 있다
유의 저편

924 전하다
- pass on
- 伝える
- 传
- truyền đạt

기출 수미 씨에게 말씀 좀 **전해** 주세요. (41회 읽기 6번)
추천 외국에 사는 엄마에게 이메일로 소식을 전합니다.
표현 전할 말씀, 이야기를 전하다
유의 전달하다

925 전화기
- telephone
- 電話
- 电话
- điện thoại

기출 잠깐만요, 손님. 여기 **전화기** 놓고 가셨어요. (36회 듣기 16번)
추천 수업 중에는 전화기를 꺼야 합니다.
표현 전화기 벨소리, 전화기 한 대
유의 핸드폰, 휴대폰

TOPIK I

926 젊다
- young
- 若い
- 年轻
- trẻ

(기출) 이 도로는 **젊은** 사람들이 좋아하는 곳이 되었습니다. (36회 읽기 62번)
(추천) 우리 할머니는 나이보다 더 젊어 보인다.
(표현) 젊은 남녀, 나이가 젊다
(유의) 어리다   (반의) 늙다

---

927 점점
- gradually, more and more
- だんだん
- 渐渐、越来越
- dần dần

(기출) 아버지가 만든 음식의 맛이 **점점** 좋아지고 있습니다. (41회 읽기 70번)
(추천) 외국 생활에 점점 익숙해지고 있어요.
(표현) 점점 작아지다, 점점 추워지다
(유의) 조금씩

---

928 젖다
- get wet
- 濡れる
- 湿
- ướt

(기출) 물에 **젖은** 수건을 화분 아래에 놓는 것도 좋은 방법입니다. (37회 읽기 67번)
(추천) 비에 젖은 옷을 입고 있으면 감기에 걸려요.
(표현) 젖은 머리, 머리카락이 젖다   (반의) 마르다

---

929 제목
- title
- 題名
- 题目、名字
- tiêu đề

(기출) **제목**: 청바지를 주문했어요. (91회 읽기 65번)
(추천) 그 영화의 제목이 뭐예요?
(표현) 노래 제목, 드라마 제목

---

930 조금씩
- little by little
- 少しずつ
- 一点一滴
- một chút một

(기출) 운동을 할 때에는 천천히 걷기 시작해서 **조금씩** 빨리 걷는 것이 좋습니다. (41회 읽기 59번)
(추천) 요즘 배가 자주 아파서 음식을 조금씩 먹고 있어요.
(표현) 조금씩 가다, 조금씩 움직이다   (유의) 점점

931 주머니
- pouch, pocket
- ポケット
- 口袋
- túi

기출 이 가방은 **주머니**가 없습니다.
(35회 듣기 24번)

추천 이 바지는 주머니가 없어서 아주 불편해요.

표현 동전 주머니, 주머니가 많다

932 중
- among
- 中
- 中
- giữa

기출 이 **중** 한 곳에 가서 신분증을 내면 자전거를 빌릴 수 있습니다.
(47회 읽기 58번)

추천 이 영화는 내가 본 영화 중에서 제일 재미있었다.

표현 음식 중, 학생 중   **유의** 가운데

933 중국
- China
- 中国
- 中国
- Trung Quốc

기출 친구는 **중국** 사람입니다.
(96회 읽기 31번)

추천 저는 작년에 중국의 수도인 베이징을 여행했어요.

표현 중국 음식, 중국 학생

934 즐거움
- joy
- 楽しみ
- 乐趣
- niềm vui

기출 자기 통장이 생기면 돈을 모으는 **즐거움**을 느낄 수 있을 거예요.
(37회 듣기 29번)

추천 여행을 하면 좋은 것이 많지만 맛있는 음식을 먹는 즐거움도 큰 것 같아요.

표현 큰 즐거움, 즐거움이 생기다   **반의** 괴로움

935 지나가다
- pass, go by
- 過ぎる, 通り過ぎる
- 过去
- đi qua

기출 태풍의 이름은 태풍이 **지나가는** 곳에 있는 열네 개 나라에서 만들고 있습니다. (64회 읽기 67번)

추천 매일 바쁘게 사니까 하루가 너무 빨리 지나가요.

표현 지나간 날, 한 달이 지나가다

유의 지나다

TOPIK I

936 지난번
- last time
- この間, 前回
- 上次
- lần trước

(기출) 지난번 집보다 넓어서 좋아요. (41회 듣기 17번)
(추천) 지난번에 간 식당은 깨끗하고 음식도 맛있었어요.
(표현) 지난번 일, 지난번과 다르다
(유의) 저번

937 지르다
- yell
- 叫ぶ
- 叫喊
- la hét

(기출) 사람들은 우리의 춤을 보고 박수를 치면서 소리를 **지릅니다**. (36회 읽기 59번)
(추천) 어린아이가 기분이 좋아서 소리를 지르고 웃습니다.
(표현) 지르는 소리, 크게 지르다
(유의) 소리치다

938 지우개
- eraser
- 消しゴム
- 橡皮
- cục tẩy

(기출) 그런데 **지우개**로 지울 수 있는 볼펜을 친구한테서 받았습니다. (41회 읽기 57번)
(추천) 틀린 곳을 지우고 싶은데 지우개 좀 빌려줄래요?
(표현) 흰색 지우개, 지우개가 없다

939 짓다
- name, write
- 付ける
- 起名
- đặt

(기출) 할아버지께서 **지어** 주신 이름의 의미처럼 제 옆에는 항상 친구가 있습니다. (41회 읽기 61번)
(추천) 아이는 좋아하는 인형의 이름을 지어 주었습니다.
(표현) 별명을 짓다, 제목을 짓다

940 찢어지다
- be ripped
- 裂ける
- 被撕破
- rách

(기출) 종이로 만든 지폐는 쉽게 **찢어지고** 더러워져서 오래 쓰지 못합니다. (35회 읽기 61번)
(추천) 넘어져서 바지가 찢어졌어요.
(표현) 찢어진 옷, 찢어진 종이

941 차갑다
- cold
- 冷たい
- 凉
- lạnh

(기출) 식혜는 **차갑게** 마시면 더 맛있습니다. (35회 읽기 66번)
(추천) 밖에서 놀고 온 아이의 손이 차가웠어요.
(표현) 차가운 얼음, 차가운 음료수
(반의) 따뜻하다

942 참
- truly
- 本当
- 真
- rất, lắm

(기출) 친구의 종이컵은 **참** 예쁩니다. (35회 읽기 49번)
(추천) 저는 우리 엄마가 참 좋아요.
(표현) 참 쉽다, 참 잘하다
(유의) 정말, 진짜

943 참가자
- participant
- 参加者
- 参加者
- người tham gia

(기출) 농구 대회 **참가자**는 10시까지 와야 합니다. (35회 읽기 64번)
(추천) 이번 노래 대회에 참가할 참가자를 찾고 있습니다.
(표현) 경기 참가자, 참가자를 모집하다

944 참다
- endure
- 我慢する
- 忍受
- chịu đựng

(기출) 마라톤 때문에 길이 좀 막혀도 **참아야** 합니다. (36회 듣기 24번)
(추천) 감기가 심해서 기침을 참기가 힘들어요.
(표현) 눈물을 참다, 아픔을 참다
(유의) 견디다

945 찾아가다
- go visiting
- 訪ねる
- 去找、去见
- đến thăm

(기출) 여자는 다음 주에 선생님을 **찾아갈** 겁니다. (36회 듣기 28번)
(추천) 오랫동안 만나지 못한 친구를 찾아가려고 합니다.
(표현) 교실로 찾아가다, 집으로 찾아가다

TOPIK I

946 찾아보다
- look up
- 探す
- 查找
- tìm hiểu

(기출) 여자는 인터넷으로 공연을 **찾아보려고** 합니다. (36회 듣기 20번)
(추천) 여름휴가에 갈 곳을 좀 찾아볼까요?
(표현) 찾아본 정보, 식당을 찾아보다
(유의) 찾다

---

947 책값
- book price
- 本の値段
- 书价
- giá sách

(기출) **책값**에 배달 비용도 들어 있습니다. (36회 읽기 64번)
(추천) 요즘 책값이 많이 올랐어요.
(표현) 책값을 내다, 책값이 싸다

---

948 첫
- first
- 初めて
- 初次
- đầu tiên

(기출) 한국에서는 아이의 **첫** 번째 생일을 '돌'이라고 말합니다. (60회 읽기 67번)
(추천) 대학교 첫 수업에서 그 친구를 만났어요.
(표현) 첫 만남, 첫 시험
(반의) 마지막

---

949 청바지
- jeans
- ブルージーンズ
- 牛仔裤
- quần jean

(기출) 저는 오늘 이 **청바지**를 샀습니다. (91회 읽기 64번)
(추천) 저는 청바지가 잘 어울려요.
(표현) 예쁜 청바지, 청바지를 입다

---

950 초대장
- invitation card
- 招待状
- 邀请信
- thiệp mời

(기출) 어젯밤에 할머니께서 공연 **초대장**을 주셨습니다. (35회 읽기 69번)
(추천) 친구에게 생일 초대장을 받았어요.
(표현) 음악회 초대장, 초대장을 보내다

951 추억
- memory
- 思い出
- 追忆
- kỷ niệm

기출 사랑하는 사람들과 함께 꽃길을 걸으면서 아름다운 **추억**을 만들어 보시기 바랍니다. (52회 읽기 63번)

추천 대학에서 공부하는 동안 좋은 추억을 많이 만들었어요.

표현 즐거운 추억, 추억을 쌓다

952 출발하다
- depart
- 出発する
- 出发
- khởi hành

기출 30분 후에 **출발하는** 버스가 있어요. (47회 듣기 17번)

추천 한국으로 가는 비행기가 곧 출발합니다.

표현 출발하는 시간, 일찍 출발하다

반의 도착하다

953 춤추다
- dance
- 踊る
- 跳舞
- nhảy

기출 저는 어릴 때부터 **춤추는** 것을 좋아했습니다. (36회 읽기 59번)

추천 이번 주말에 춤추러 클럽에 갈까요?

표현 춤추는 사람, 신나게 춤추다

954 친절하다
- kind
- 親切だ
- 亲切
- tử tế

기출 **친절한** 직원이 있습니다. (36회 읽기 49번)

추천 이 가게 아저씨는 언제나 친절하게 인사를 합니다.

표현 친절한 사람, 친절한 설명, 친절하게 대답하다

반의 불친절하다

955 카메라
- camera
- カメラ
- 照相机
- máy ảnh

기출 이 극장에는 **카메라**들이 있어서 사람들의 웃는 모습을 찍습니다. (41회 읽기 55번)

추천 카메라를 사면 아름다운 경치를 찍고 싶어요.

표현 자동 카메라, 카메라로 찍다 **유의** 사진기

Chapter 5 출제 5순위 어휘   215

TOPIK I

956 켜다
- light, turn on
- つける
- 开机
- bật

(기출) 저는 아침에 일어나서 라디오를 **켜고** 음악을 듣습니다.
(41회 읽기 48번)

(추천) 방이 어두워서 불을 켰습니다.

(표현) 에어컨을 켜다, 컴퓨터를 켜다

(반의) 끄다

---

957 코
- nose
- 鼻
- 鼻子
- mũi

(기출) 동생은 눈이 큽니다. **코**는 작습니다.
(41회 읽기 33번)

(추천) 감기에 걸려서 코가 막혔어요.

(표현) 큰 코, 코가 예쁘다

---

958 태권도
- taekwondo (Korean traditional martial art)
- テコンドー (韓国伝統武術)
- 跆拳道 (韩国传统武术)
- Taekwondo (võ thuật truyền thống Hàn Quốc)

(기출) **태권도**를 신청한 학생은 운동화를 신고 체육관으로 오시기 바랍니다.
(41회 읽기 63번)

(추천) 태권도를 배워 보는 게 어때요?

(표현) 태권도 경기, 태권도 선수, 태권도 학원

---

959 통하다
- flow
- 通じる
- 通
- thoáng khí

(기출) 방문을 열어서 공기가 **통하게** 해야 합니다.
(37회 읽기 68번)

(추천) 창문이 커서 바람이 잘 통해요.

(표현) 잘 통하는 곳, 안 통하다, 피가 통하다

960 특급
- express
- 特急
- 特快
- tốc hành

(기출) 여자는 소포를 **특급**으로 보낼 겁니다.
(35회 듣기 28번)

(추천) 빨리 보내야 하는 물건은 특급 우편으로 보내면 됩니다.

(표현) 비싼 특급, 특급 열차

961 팀장
- team leader
- チーム長
- 组长、团队主管
- trưởng nhóm

(기출) **팀장**님, 행사 때 필요한 물건들을 사러 가려고 하는데요.
(36회 듣기 21번)

(추천) 우리 팀의 팀장은 성격이 좋고 일도 잘해요.

(표현) 팀장을 맡다, 팀장이 되다

(반의) 팀원

962 파란색
- blue
- 青色
- 蓝色
- màu xanh dương

(기출) 이 **파란색** 바지 어때요?
(35회 듣기 4번)

(추천) 저기 파란색 모자를 좀 보여 주세요.

(표현) 파란색 바다, 파란색 하늘

963 편안하다
- comfortable
- 安らかだ
- 舒服
- thoải mái

(기출) 이 카페는 **편안해서** 사람들이 좋아합니다. (36회 듣기 49번)

(추천) 한국에 있는 동안 우리 집에서 편안하게 지내세요.

(표현) 편안한 신발, 편안한 분위기, 편안하게 살다

(유의) 편하다

(반의) 불안하다, 불편하다

TOPIK I

964 포도
- grape
- ブドウ
- 葡萄
- nho

(기출) 포도나 딸기를 씻을 때 밀가루로 씻으면 좋습니다. (52회 읽기 51번)
(추천) 포도 한 송이에 얼마예요?
(표현) 포도 주스, 포도가 달다, 포도가 시다

---

965 포함하다
- include
- 含む
- 包括、包含
- bao gồm

(기출) 가격은 배달 비용을 **포함해서** 15,000원입니다. (36회 읽기 63번)
(추천) 이것은 아침 식사를 포함한 가격입니다.
(표현) 많이 포함하다, 모두 포함하다
(유의) 들어 있다 (반의) 제외하다

---

966 풀다
- solve, resolve
- 解く
- 解开、解题
- tháo gỡ, giải quyết

(기출) 문제를 **풀기** 어려울 때는 책상 앞에만 앉아 있지 마십시오. (35회 듣기 67번)
(추천) 저는 이 어려운 수학 문제를 모두 풀었어요.
(표현) 푸는 방법, 비밀을 풀다 (유의) 해결하다

---

967 프랑스
- France
- フランス
- 法国
- Pháp

(기출) 선생님은 한국 사람입니다. 저는 **프랑스** 사람입니다. (41회 읽기 31번)
(추천) 프랑스 파리에 가 본 적이 있어요?
(표현) 프랑스 여행, 프랑스 음식

---

968 필요
- need
- 必要
- 需要、必要
- cần thiết, nhu cầu

(기출) 물건을 많이 살 **필요**가 없습니다. (64회 듣기 24번)
(추천) 필요 없는 물건은 정리하는 것이 좋아요.
(표현) 필요 금액, 필요 물품, 필요가 있다
(반의) 불필요

969 학과
- department, major
- 学科
- 学科
- khoa, bộ môn

기출 한국대학교 한국어**학과** (37회 듣기 63번)

추천 제가 가고 싶은 학과는 경제학과입니다.

표현 전공 학과, 학과를 고르다

970 한곳
- same place
- 一か所
- 同一个地方
- một nơi

기출 물이 빨리 없어지는 것을 막으려면 화분을 **한곳**에 모아 놓아야 합니다. (37회 읽기 67번)

추천 여러분, 가방은 모두 한곳에 놓으세요.

표현 한곳에 살다, 한곳에서 일하다

971 한글날
- Hangeul Day
- ハングルの日
- 韩文节
- Ngày Hangeul

기출 내일은 **한글날**이라서 쉬어요. (35회 듣기 14번)

추천 10월 9일은 한글날입니다.

표현 한글날 행사, 한글날을 기념하다

972 화장
- make-up
- 化粧
- 化妆
- trang điểm

기출 사진을 찍기 전에 **화장**도 해 주고 머리도 해 주었습니다. (37회 읽기 69번)

추천 언니는 항상 예쁘게 화장을 하고 회사에 가요.

표현 화장품, 화장을 고치다

973 회장
- president, chairman
- 会長
- 会长
- chủ tịch

기출 학생**회장** 김유미 올림 (35회 읽기 63번)

추천 이분은 우리 회사 회장님이세요.

표현 학생회 회장, 회장을 뽑다

유의 대표

TOPIK I

974 **훨씬**
- much
- ずっと
- 更加
- hơn

(기출) 이렇게 메모를 하면 생각만 할 때보다 하루하루를 **훨씬** 더 잘 정리할 수 있습니다. (37회 읽기 65번)

(추천) 남동생은 나보다 훨씬 키가 커요.

(표현) 훨씬 예쁘다, 훨씬 좋아하다

(유의) 아주, 무척

975 **흐리다**
- cloudy
- 曇る
- 阴沉
- u ám

(기출) 부산은 날씨가 **흐립니다**. (41회 읽기 40번)

(추천) 하늘이 흐린 것을 보니까 비가 올 것 같아요.

(표현) 흐린 하늘, 날이 흐리다

(반의) 맑다

976 **흰색**
- white
- 白色, 白
- 白色
- màu trắng

(기출) 청바지와 **흰색** 티셔츠를 좋아하는 것도 똑같습니다. (36회 읽기 53번)

(추천) 흰색은 눈처럼 깨끗해서 좋아요.

(표현) 흰색 가방, 흰색 바지

(유의) 백색 (반의) 검은색

MEMO

MEMO

MEMO

부록 Appendix

- 색인 Index

색인 Index

ㄱ

가게	30
가격	122
가구	122
가깝다	82
가꾸다	178
가끔	82
가다	18
가르치다	82
가방	39
가벼워지다	178
가볍다	122
가수	43
가을	122
가져가다	122
가져다주다	178
가져오다	123
가족	43
가지	123
가지다	63
가짜	178
간단하다	178
간장	179
갈비탕	123
감기	123
감다	179
감사	123
감사하다	82
갑자기	124
값	69
강당	179
강아지	61
갖다	124
같다	82
같이	38
개	124
거기	124
거리	124
거울	125
거의	125
걱정하다	125
건강	53
건강하다	179
건너	179
건물	83
걷기	83
걷다	43
걸다	180
걸리다[1]	83
걸리다[2]	83
것	44
게시판	180
게임	83
겨울	56
결정	180
결정하다	125
결혼	125
결혼식	126
결혼하다	126
경기	66
경기도	180
경기장	126
경치	58
경험	126
계속	61
계시다	74
계절	84
계획	39
계획하다	180
고기	126
고르다	127
고맙다	127
고양이	84
고추장	181

고프다	181	구경하다	84	그림	40
고향	64	국물	128	그림책	85
곧	181	국제	182	그만두다	183
곳	50	권	128	그중	130
공기	127	그	31	극장	50
공부	44	그것	85	근처	86
공부하다	39	그곳	128	글	86
공연	34	그날	183	급하다	130
공연장	127	그냥	129	기간	62
공원	44	그동안	129	기다리다	130
공장	181	그때	61	기분	86
공책	69	그때그때	183	기쁘다	183
공항	34	그래도	129	기억하다	183
공항버스	181	그래서	22	기차	70
과일	84	그래요?	58	기차역	130
과자	47	그러나	85	기타	30
관계없다	182	그러니까	129	긴팔	184
관광	127	그러면	85	길	54
관광하다	182	그런	129	길이	184
관심	128	그런데	27	김밥	86
괜찮다	69	그럼	58	김치	86
교실	84	그렇게	85	깎다	185
교통경찰	182	그릇	69	깨끗하다	87
교통사고	182	그리고	32	꼭	87
구경	128	그리다	53	꽃	70

227

꽃집	79
끓이다	184
끝나다	87
끝내다	130

ㄴ

나	87
나가다	87
나누다	131
나다	64
나라	88
나무	58
나빠지다	131
나쁘다	184
나오다	26
나이	131
낚시	69
날	88
날마다	131
날씨	88
날짜	88
남다	88
남자	21
낮잠	184

내년	89
내다	54
내려가다	131
내려오다	185
내리다	132
내용	185
내일	29
냉면	132
냉장고	89
너무	89
넓다	132
넣다	89
네	20
년	132
노란색	132
노래	22
놀다	133
놀라다	185
농구	61
높다	133
놓다	133
누구	185
누나	186
눈¹	50
눈²	133

눈길	186
눈꽃	133
눈사람	186
눕다	186
뉴스	134
느끼다	134
느낌	186
늦게	38
늦다	29
늦어지다	187

ㄷ

다	89
다녀오다	134
다니다	90
다르다	134
다른	90
다리	90
다시	90
다양하다	76
다음	32
다치다	134
다행	187
닦다	135

닫다 …… 90	돌아가다 …… 136	때 …… 22
달 …… 135	돌아오다 …… 137	때문에 …… 24
달다 …… 135	동네 …… 137	떠나다 …… 189
달라지다 …… 135	동물 …… 137	떡볶이 …… 92
달력 …… 135	동생 …… 91	또 …… 92
담그다 …… 136	동안 …… 137	또한 …… 189
대신 …… 187	동전 …… 91	똑같다 …… 189
대학교 …… 74	되다 …… 50	
대학생 …… 187	뒤 …… 91	**ㄹ**
대회 …… 58	뒷자리 …… 189	
댁 …… 187	드라마 …… 91	라디오 …… 190
더 …… 26	드리다 …… 137	라면 …… 139
더러워지다 …… 188	드시다 …… 138	
덜 …… 188	듣다¹ …… 44	**ㅁ**
덥다 …… 188	듣다² …… 44	
데리다 …… 188	들다¹ …… 59	마라톤 …… 139
도로 …… 75	들다² …… 59	마시다 …… 50
도서관 …… 91	들다³ …… 59	마을 …… 75
도시 …… 136	들어가다 …… 92	마음 …… 92
도와주다 …… 59	들어오다 …… 138	마지막 …… 139
도움 …… 136	등산 …… 138	마트 …… 43
도장 …… 136	따뜻하다 …… 138	막다 …… 190
도착 …… 188	따라가다 …… 189	막히다 …… 139
도착하다 …… 59	따르다 …… 138	만나다 …… 32
돈 …… 33	딸기 …… 92	

229

만들다 … 19	멀다 … 93	무슨 … 95
만화 … 93	멋있다 … 63	무엇 … 70
만화가 … 139	멋지다 … 191	무척 … 192
만화책 … 30	메뉴 … 141	문 … 95
많다 … 21	메모 … 141	문구점 … 143
많아지다 … 140	메모하다 … 191	문제 … 192
많이 … 23	메시지 … 142	문화 … 143
말¹ … 140	며칠 … 191	물 … 95
말² … 140	명 … 142	물건 … 25
말씀 … 140	몇 … 64	물어보다 … 95
말씀하다 … 140	모두 … 94	뮤지컬 … 192
말하다 … 93	모든 … 142	미래 … 192
맑다 … 190	모레 … 142	미리 … 144
맛 … 141	모르다 … 70	미술관 … 64
맛없다 … 190	모습 … 142	미안하다 … 95
맛있다 … 45	모양 … 94	미용사 … 193
맞다 … 190	모으다 … 94	미용실 … 144
맡기다 … 191	모이다 … 143	
매일 … 93	모임 … 40	**ㅂ**
매주 … 141	모자 … 79	
매표소 … 191	목 … 192	바꾸다 … 71
맵다 … 141	목소리 … 94	바뀌다 … 144
머리 … 70	못하다 … 143	바다 … 75
먹다 … 22	무겁다 … 143	바닥 … 193
먼저 … 93	무료 … 94	바라다 … 67

바람 ……… 144	배우다 ……… 29	부산 ……… 97
바로 ……… 75	백 ……… 194	부탁 ……… 56
바쁘다 ……… 96	백화점 ……… 52	부탁하다 ……… 98
바지 ……… 96	버리다 ……… 97	분 ……… 76
박물관 ……… 23	버스 ……… 31	분 ……… 98
박수 ……… 144	번 ……… 145	분위기 ……… 147
밖 ……… 96	번호 ……… 146	불고기 ……… 98
반갑다 ……… 75	벌 ……… 194	불다 ……… 195
받다 ……… 27	벌써 ……… 146	불편하다 ……… 147
발 ……… 145	벗다 ……… 194	비 ……… 98
밝다 ……… 193	별로 ……… 67	비빔밥 ……… 195
밤 ……… 145	병원 ……… 46	비슷하다 ……… 147
밤늦다 ……… 193	보내다 [1] ……… 24	비싸다 ……… 147
밥 ……… 74	보내다 [2] ……… 24	비용 ……… 195
방 ……… 40	보다 ……… 20	비행기 ……… 62
방문 ……… 193	보이다 ……… 97	빌리다 ……… 98
방법 ……… 38	보통 ……… 65	빠르다 ……… 195
방송 ……… 145	복잡하다 ……… 97	빨간색 ……… 196
방학 ……… 64	볼펜 ……… 146	빨리 ……… 40
배 [1] ……… 96	봄 ……… 77	빵 ……… 148
배 [2] ……… 96	뵙다 ……… 146	빵집 ……… 76
배 [3] ……… 97	부드럽다 ……… 195	
배달 ……… 194	부르다 ……… 63	ㅅ
배달하다 ……… 194	부모 ……… 146	
배드민턴 ……… 145	부모님 ……… 147	사고팔다 ……… 196

사과 … 148	색 … 149	소리 … 68
사귀다 … 196	색깔 … 100	소중하다 … 199
사다 … 21	생각 … 65	소포 … 65
사람 … 19	생각나다 … 149	소화 … 199
사랑 … 39	생각하다 … 100	속 … 199
사무실 … 148	생기다 … 37	손님 … 40
사실 … 196	생신 … 197	쇼핑 … 68
사용하다 … 99	생일 … 71	쇼핑하다 … 150
사인 … 196	생활 … 100	수건 … 199
사전 … 99	서다 … 198	수박 … 150
사진 … 71	서로 … 198	수업 … 101
사진관 … 99	서비스 … 47	수영 … 34
사진기 … 148	서울 … 101	수영장 … 150
산 … 30	서점 … 66	수영하다 … 151
산새 … 197	선물 … 101	수학 … 151
산책 … 99	선물하다 … 149	숙제 … 102
산책하다 … 148	선생님 … 101	숙제하다 … 199
살 … 99	선수 … 52	숫자 … 200
살다 … 100	선택하다 … 198	쉬다 … 102
삼계탕 … 197	설명 … 149	쉽다 … 36
상대 … 197	세상 … 198	스물 … 151
상자 … 149	세탁소 … 150	스키 … 151
새 … 62	소개하다 … 101	스키장 … 151
새롭다 … 100	소고기 … 198	스프 … 152
새집 … 197	소금 … 150	슬프다 … 152

시	29	실례하다	154	아주머니	154
시간	22	싫다	154	아직	155
시계	79	싫어하다	102	아침	31
시골	152	심다	154	아프다	71
시내	200	십	103	안	41
시원하다	152	싸다	71	안경	55
시작되다	200	쓰기	201	안내	104
시작하다	54	쓰다[1]	103	안내소	202
시장	51	쓰다[2]	103	안내원	202
시청	152	쓰다[3]	103	안내하다	155
시험	52	씨	21	안녕하다	104
식당	30	씻다	103	안녕히	155
식사	153			앉다	104
식사하다	200	**ㅇ**		알다	104
식탁	153			알리다	34
식혜	102	아까	154	알아보다	202
신나다	200	아니요	23	앞	72
신다	153	아래	201	앞으로	155
신문	201	아르바이트	53	앞자리	155
신발	36	아름답다	104	약	156
신청	36	아마	201	약국	52
신청서	201	아버지	54	약속	105
신청자	153	아이	28	얇다	202
신청하다	102	아이스크림	202	양말	156
실내	153	아주	54	어느	203

233

어디 ········· 32	여러 ········· 105	오늘 ········· 28
어떡하다 ········· 203	여러분 ········· 157	오다¹ ········· 20
어떤 ········· 77	여름 ········· 52	오다² ········· 20
어떻게 ········· 68	여보세요 ········· 157	오래 ········· 65
어떻다 ········· 74	여자 ········· 20	오래되다 ········· 204
어렵다 ········· 45	여행 ········· 28	오랜만에 ········· 72
어른 ········· 156	여행사 ········· 106	오랫동안 ········· 158
어리다 ········· 55	역 ········· 157	오빠 ········· 158
어린이 ········· 105	연극 ········· 106	오전 ········· 107
어머 ········· 203	연락 ········· 57	오후 ········· 107
어머니 ········· 35	연락하다 ········· 157	온몸 ········· 204
어서 ········· 156	연습 ········· 53	올라가다 ········· 159
어울리다 ········· 203	연습하다 ········· 62	올림 ········· 205
어제 ········· 26	연주하다 ········· 158	올해 ········· 205
언니 ········· 61	열다 ········· 106	옷 ········· 60
언제 ········· 62	열리다 ········· 158	옷장 ········· 108
얼굴 ········· 105	열심히 ········· 106	왜 ········· 159
얼마나 ········· 156	영국 ········· 204	왜냐하면 ········· 205
엄마 ········· 203	영어 ········· 106	외국 ········· 38
없다 ········· 26	영화 ········· 45	외국어 ········· 159
없어지다 ········· 204	영화관 ········· 76	외국인 ········· 108
여권 ········· 105	옆 ········· 107	외롭다 ········· 205
여기 ········· 38	예쁘다 ········· 107	요리 ········· 65
여기저기 ········· 204	예약하다 ········· 158	요리하다 ········· 159
여동생 ········· 157	옛날 ········· 107	요일 ········· 25

요즘	29	
용품	205	
우리	21	
우산	55	
우선	206	
우유	159	
우체국	46	
운동	36	
운동하다	41	
운동화	55	
움직이다	160	
웃다	160	
웃음	160	
원	108	
원하다	160	
월	108	
위	206	
위하다	74	
유명하다	46	
유학생	160	
유행하다	161	
은행	60	
은행원	206	
음료수	206	
음식	35	
음악	108
음악회	35
의미	161
의사	161
의자	161
이	19
이것	72
이곳	109
이기다	161
이런	56
이렇게	162
이름	51
이메일	67
이번	35
이사	109
이사하다	162
이야기	109
이야기하다	109
이용	162
이용하다	56
이유	47
이제	36
이쪽	162
인기	109
인사	110
인터넷	28
일 [1]	24
일 [2]	66
일본	206
일본어	207
일시	162
일어나다	110
일주일	163
일찍	110
일하다	27
읽다	110
잃어버리다	163
입구	207
입다	60
입학	207
있다 [1]	18
있다 [2]	18
잊다	63
잊어버리다	163

ㅈ

자기	110
자다	60
자동차	163

자료	163	저²	164	젖다	210
자르다	164	저³	165	제	25
자리	164	저기	209	제목	210
자유롭다	207	저녁	55	제일	112
자전거	111	저런	209	제주도	112
자주	41	저쪽	209	조금	112
작년	39	저희	165	조금씩	210
작다	41	적다¹	165	조용하다	112
잔	164	적다²	165	졸업	167
잔치	207	전	33	졸업하다	112
잘	25	전통	72	좀	25
잘되다	208	전하다	209	종류	167
잘못	208	전화	72	종이	167
잘못하다	208	전화기	209	종이컵	167
잘하다	57	전화번호	165	좋다	18
잠	53	전화하다	111	좋아지다	113
잠깐	67	젊다	210	좋아하다	23
잠시	57	점심¹	166	죄송하다	113
잡지	208	점심²	166	주	42
장	208	점심시간	166	주다	51
장미	164	점점	210	주로	168
장소	111	정도	166	주말	26
재미없다	111	정리하다	166	주머니	211
재미있다	35	정말	111	주무시다	168
저¹	18	정원	167	주문	168

주문하다 … 168	지하 … 170	참석 … 171
주소 … 113	지하철 … 33	창문 … 115
주스 … 77	지하철역 … 170	찾다 … 66
주인 … 168	직업 … 57	찾아가다 … 213
준비 … 113	직원 … 114	찾아보다 … 214
준비되다 … 169	직접 … 114	채소 … 78
준비하다 … 66	짐 … 171	책 … 37
중 … 211	집 … 23	책값 … 214
중국 … 211	짓다 … 212	책상 … 73
중요하다 … 113	짧다 … 114	처음 … 115
즐거움 … 211	쯤 … 115	천천히 … 78
즐겁다 … 114	찍다 … 45	첫 … 214
지갑 … 169	찢어지다 … 212	청바지 … 214
지금 … 24		청소 … 43
지나가다 … 211	ㅊ	청소하다 … 115
지난달 … 169		체육관 … 115
지난번 … 212	차¹ … 41	초대장 … 214
지난주 … 114	차² … 171	초대하다 … 116
지내다 … 169	차갑다 … 213	초등학교 … 172
지도 … 169	참 … 213	초등학생 … 172
지르다 … 212	참가 … 171	추다 … 172
지우개 … 212	참가비 … 171	추억 … 215
지우다 … 170	참가자 … 213	축구 … 78
지키다 … 170	참가하다 … 77	축제 … 60
지폐 … 170	참다 … 213	축하하다 … 78

237

출발하다 ... 215	크다¹ ... 51	
춤 ... 42	크다² ... 51	파란색 ... 217
춤추다 ... 215	키우다 ... 117	파티 ... 174
춥다 ... 116		팔다 ... 42
취미 ... 56	ㅌ	편리하다 ... 174
취소하다 ... 172	타다 ... 42	편안하다 ... 217
층 ... 42	타워 ... 173	편의점 ... 174
치다 ... 116	태권도 ... 216	편지 ... 34
치마 ... 116	태어나다 ... 173	편하다 ... 118
친구 ... 19	택시 ... 117	평일 ... 119
친절하다 ... 215	토마토 ... 173	포도 ... 218
친하다 ... 172	통장 ... 118	포장하다 ... 119
침대 ... 116	통하다 ... 216	포함하다 ... 218
	퇴근 ... 174	표 ... 73
ㅋ	특급 ... 217	풀다 ... 218
카메라 ... 215	특별하다 ... 118	프랑스 ... 218
카페 ... 37	특히 ... 118	프로그램 ... 175
커피 ... 173	튼튼하다 ... 174	피곤하다 ... 33
커피숍 ... 117	티셔츠 ... 118	필요 ... 218
컴퓨터 ... 117	팀 ... 174	필요하다 ... 45
컵 ... 117	팀장 ... 217	
케이크 ... 173		
켜다 ... 216		하나 ... 27
코 ... 216		

238

단어	쪽	단어	쪽
하늘	175	헤어지다	176
하다	19	형	73
하루	119	호	176
하지만	119	호텔	120
학과	219	혹시	176
학교	32	혼자	46
학생	27	화분	120
학생회	175	화장	219
학생회관	175	확인하다	68
학원	79	회사	28
한곳	219	회사원	120
한국	31	회의	68
한국어	37	회장	219
한글날	219	후	33
한번	73	훨씬	220
할머니	31	휴가	57
할아버지	175	휴일	73
함께	46	흐리다	220
함께하다	119	흰색	220
항상	67	힘들다	37
햇빛	176		
행복	120		
행복하다	63		
행사	47		
행사장	176		